군달리니

아지트 무케르지

東文選

KUNDALINI
The Arousal of the Inner Energy

Ajit Mookerjee

1982
Thames and Hudson Ltd, London

मूलाधारे कुण्डलिनी भुजगाकाररूपिणी ।
तत्र तिष्ठति जीवात्मा प्रदीपकलिकाकृतिः ।
ध्यायंत्तेजोमयं ब्रह्म तेजोध्यानं परात्परम् ॥ १६ ॥

물라다라Mūlādhāra에는 군달리니Kuṇḍalinī 가 또아리를 틀고 앉은 뱀처럼 쉬고 있다. 이 본래의 자아는 그곳에서 화염처럼 타오르고 있다. 이렇게 사방으로 뻗어 나가는 빛이 명징한 브라만Brahman과 동일한 것이라는 바를 체험하는 과정을 초월적인 명상이라 한다.

게란다 본집Gheraṇḍa Saṁhitā, 제16권.

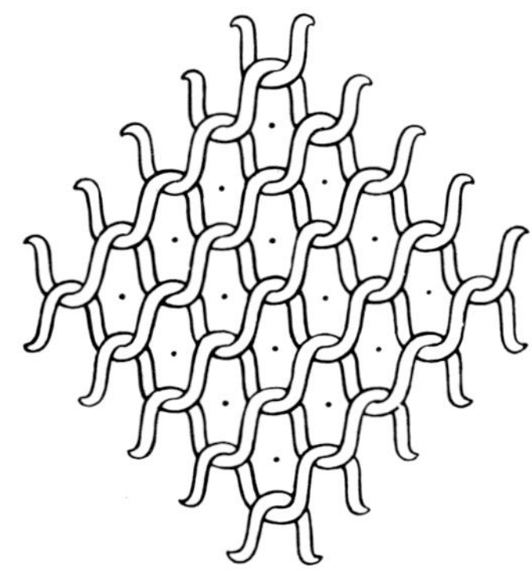

● 정신적 데너지(콜람Kolam)가 서로 엉켜 있는 것을 나타내는 고대 드라비다의 상징, 남부 인도 지방.

머 리 말

탄트라Tantra를 통해 인간은 미세체 또는 영체 안에 정신에너지의 중심인 챠크라Chakra가 여러 개 있다는 것을 발견하고, 또 이들의 자리까지도 알 수 있게 되었다. 군달리니 샥티Kuṇḍalini Śakti는 또한 인간 개체 안에 내재해 있는 초월적인 힘과 같은 것으로 나선형의 잠재적인 우주에너지이다. 각 개인은 이러한 에너지의 현현이고, 개인을 둘러싸고 있는 우주는 다양한 형태로 끊임없이 자신을 드러내 놓는 에너지와 동일한 의식의 결과물이다. 탄트라의 심원한 내용을 이루는 특유한 분야의 주제가 바로 깨어난 군달리니가 여러 개의 챠크라를 통과하는 것인데, 이러한 과정을 통해 사람은 자신의 진정한 모습, 궁극적으로는 전우주의 신비가 베일을 벗는 것을 깨닫게 된다.

군달리니-요가Kuṇḍalini-Yoga는 인간의 잠재력이 일깨워지는 과정을 경험하는 것이다. 인간의 잠재력이라는 우주에너지가 깨어나는 현상을 더 깊게 이해하기 위해서는 이러한 체험을 하겠다는 적극적인 노력이 없으면 불가능하다. B. 바타챠리야Bhattacharyya 박사는 다음과 같이 말한다. 『미래에 언젠가는 사람들이 정신의 개발, 정신의 진보, 또는 잠재해 있는 미지의 능력에 대한 자극이라는 필요성을 절감하게 될 것이다. 그때는 모든 관심을 이와 관련된 산스크리트어의 문헌과 어느 시대 또는 어느 나라 사람이라도 생각해 볼 수 있는 가장 섬세하고 완벽하며 정확하며 쉽고, 그리고 실제적인 정신적인 훈련체계를 마련해 줄 수 있는 인도의 몇 안 되는 요가 수행자들에게로 쏟아부어야만 할 것이다.』

군달리니가 깨어나거나 또는 재생되는 과정에 대해서 유형별로, 또한 의학적인 관점에서 연구해왔다. 이 분야의 연구업적에 대해서, 특히 군달리니

클리닉의 임상 담당과장 L.사넬라Sannella 박사에게 감사드리고, 그의 허락으로 의학적인 발견들이 이 책에 유용하게 인용되었음을 밝혀둔다. 캘리포니아 빅 서Big Sur에 있는 에잘렌 연구소의 스타니슬라브Stanislav와 크리스티나 그로프Christina Grof, 또한 딕 프라이스Dick Price에게 군달리니―요가를 연구하고 있는 미국인들과의 모임을 주선해 준 데 대해 감사드린다. 원고를 검토해 준 프리아 데비Pria Devi와 좋은 충고를 해준 마두 칸나Madhu Khanna에게 많은 빚을 지고 있음을 밝혀둔다.

아지트 무케르지

● 에너지 중심들, 위쪽에는 여성 군달리니 에너지가 절정에 올라 있다. 라쟈스탄 지방. 1900년경, 종이에 잉크와 수채. ▶

● 나가―반다Nāga―Bandha. 정신적 에너지는 돌돌 감겨 있어 〈폐쇄 회로〉 같은 뱀의 형상으로 상징된다. 라쟈스탄 지방, 18세기, 종이에 잉크와 수채. ▶▶

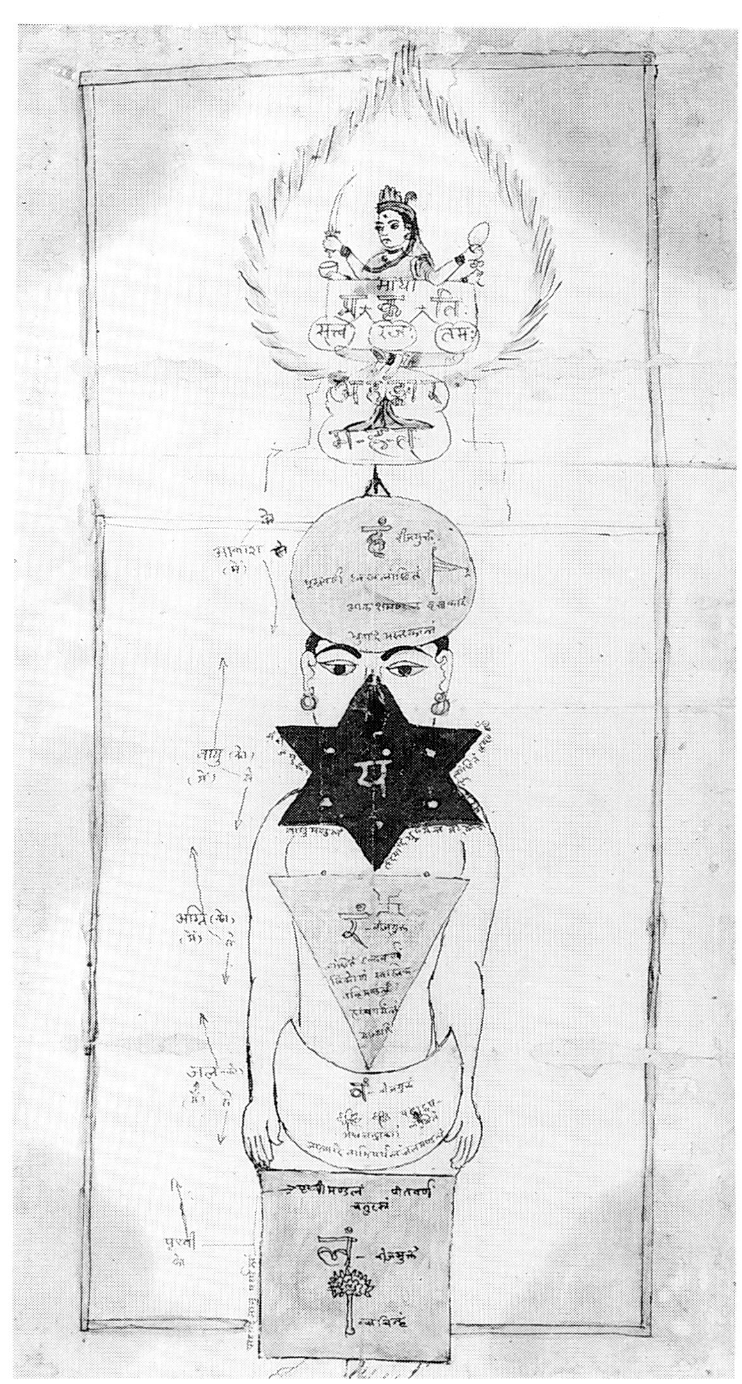

I

탄트라의 개념

군달리니는 눈에 보이지 않는 형태로 마치 뱀처럼 감겨 있다. 누구나 이 샥티를 움직이게 하는 사람만이 진정한 해방을 얻을 것이다.
하타요가-프라디피카Haṭhayoga-Pradipikā, 제3장, 제108권.

살아 있으면서 해방을 얻는다는 것은 인도인의 생활 중에서 최고의 경험으로 여겨지고 있다. 즉 개인과 우주와의 융합을 말하는 것이다. 각각으로 분리되어 나타나는 것은 우주의 섬광과 같은 것이며, 인간 개체에서처럼 소우주의 모든 것은 대우주의 그것과 동등하다. 우주의 드라마가 바로 이 신체에서 빠짐 없이 재현되고 있는 것이다. 생물학적이고 심리학적인 과정이 전개되고 있는 신체 전체가 우주의 힘이 그 자신을 드러내 놓는 하나의 도구인 셈이다. 탄트라의 원리에 따르면, 우주 안에 존재해 있는 모든 것이 바로 각자의 신체에 또한 있어야 한다. 만일 하나의 인간 존재를 분석할 수 있다면 전체 우주를 인식할 수 있게 된다. 왜냐하면 모든 것이 동일한 바탕 위에 건설되었다는 생각 때문이다. 내재해 있는 전진리를 탐구하는 목적은 이를 통해 개인의 내밀한 자아, 우주의 근본적인 실재가 드러나 있는 것을 깨닫는 것이다.

요가Yoga는 〈길〉(way)이라는 의미로 교점을 말한다. 박티-요가Bhakti-Yoga에서는 합일이 사랑과 헌신을 통해 이루어진다고 하고, 라자-요가Rāja-Yoga는 명상을 통해 깨달음을 얻는 방법이고, 카르마-요가Karma-Yoga는 일을 통해 해방을 얻게 되는 수행법이며, 즈나나-요가Jñāna-Yoga는 명석한 지식으로서 합일에 이르는 반면에, 하타-요가Haṭha-Yoga에서는 정신과 신체의 힘을 개발하여 궁극적인 목적을 향해

● 여성에너지인 군달리니의 상승. 두루마리 그림 중 세부. 캉그라 화파, 18세기경, 종이에 안료.

간다.

의식을 확장시키는 경험을 유도하는 데 한 탄트라의 공헌을 언급하지 않고 지나갈 수 없는데, 바로 군달리니-요가Kuṇḍalinī-Yoga를 말한다. 산스크리트어로 군달리니라는 단어는 〈감겨진〉을 뜻한다. 감겨진 군달리니는 눈에 보이지 않는 형태로 존재하는 여성에너지로 인간에게뿐만 아니라 우주의 모든 원자에도 있다. 개개인의 군달리니 에너지는 개인의 평생을 두고 잠재된 상태로 있거나, 또 군달리니의 존재조차도 의식하지 못하고 지내는 경우가 허다하다. 탄트라 수행법인 군달리니-요가의 목적은, 이렇게 잠들어 있는 우주에너지를 일깨워 전우주에 충만해 있는 순수의식인 시바Śiva와 합일을 이루게 하는 것이다.

군달리니 샥티, 또는 〈감겨진 여성에너지〉는 광범위한 잠재력을 가지고 있는 정신에너지로서 신체를 가장 역동적으로 돌게 되는 열의 흐름이다. 군달리니의 상승이 탄트라 수행의 고유한 특징은 아니지만 모든 요가 수행법의 기본이 되고 있으며, 모든 순수한 정신적인 체험은 상승된 신체 핵에너지가 한껏 피어난 것으로 생각할 수 있다. 심지어는 음악과 춤도 군달리니의 잠자고 있는 힘을 깨워 더 높은 단계로 상승시켜 감겨진 부분이 하나도 없이 풀리게 하여, 우리의 의식적인 인식이 내부의 군달리니의 존재를 깨닫게 할 수 있다.

《사트카크라-니루파나Ṣaṭcakra-Nirūpaṇa》(제3권)에는, 군달리니를 아주 은유적으로 묘사하고 있다. 즉 그녀는 빛의 사슬처럼 아름답고 〈연꽃〉의 실처럼 섬세하며, 현인들의 마음 속에서 빛나고 있다. 그녀는 아주 작지만 순수지식을 일깨워 주며 열락의 체현이며, 그녀의 진정한 본모습은 순수의식이다. 다른 문헌에서는 군달리니를 순수의식이라고 썼는데,《마하니르바나 탄트라Mahānirvāṇa Tantra》(5. 19)에서는 군달리니는 본래의 프라크리티Prakṛiti 즉 본성이며, 다른 무엇도 아닌 시트-샥티Cit-Śakti 즉 순수의식이라고 서술하고 있다.《사라다틸라카Śaradātilaka》(1. 13-14)에서는 군달리니를 만트라Mantra(진언眞言)에 나타나는 샤브다브라마마이Śabdabrahmamayi(우주음의 근원인 샤브다-브라만Śabda-Brahman으로서 시바의 여성 배후자)로, 또는 기본음 즉 현현의 근원이라고 써놓고 있다.

산스크리트 알파벳의 음절은 단순한 소리의 표기가 아니라, 자아를 초월하여 존재하는 모든 잠재된 가능성들이 체현되어 있는 것이다. 《카마테누 탄트라*Kāmadhenu Tantra*》(p.3)에 따르면 산스크리트 문자 Ka(卐)의 왼쪽 부분은 삼각형을 이루고 있는데, 위쪽 왼편 막대기는 브라흐마Brahmā를, 수직 막대기는 비쉬누Vishṇu, 또 아래쪽 왼편 선은 루드라Rudra를 상징하며, 앞쪽의 나선형으로 뻗어 나온 것은 군달리니가 안정된 상태에 있음을 말한다.

이런 군달리니 샥티가 움직이면서 자신을 드러내 놓으려 할 때는 아주 역동적으로 변한다. 하나의 의식이라도 현현되기 위하여 정적인(시바) 면과 동적인(샥티) 면 두 가지로 양극화된다. 군달리니-요가는 이러한 이중성을 다시 한번 합일로 이르게 하는 수행법이다.

《요가 군달리니 우파니샤드*Yoga Kuṇḍalinī Upanishad*》(1. 82)에는 다음과 같이 쓰고 있다.

> 성스러운 힘,
> 군달리니가
> 갓 피어난 연꽃의 줄기처럼,
> 빛나고 있네.
> 뱀처럼 또아리를 틀고 앉아,
> 그녀의 꼬리를 입에 물고
> 신체의 중심에
> 반쯤 조는 듯이 쉬고 있네.

정적이고 아직 활동을 하고 있지 않은 군달리니는 척추 기부에 있는 스바얌부-링가Svayaṁbhu-Liṅga, 또는 중심축을 둘레로 세 바퀴 반을 나선형으로 감아 꼬리를 입에 물고 있는 뱀으로 상징된다. 군달리니 샥티(의식의 힘)가 쭉 뻗어나면, 그녀는 정수리 위까지 상승하여 시바(순수의식)와

• 물라다라 챠크라, 척추 기부에 있는 근본 챠크라로 아직 깨어나지 않은 군달리니가 스바얌부―링가를 뱀의 또아리처럼 둘러싸고 있다.

• 인간 유기체의 에테르상의 신체에 있는 정신의 중심들.

• 챠크라가 있는 에테르상의 신체와 침술선들을 표시한 서구의 그림.(알렉스 그레이Alex Grey, 현대)

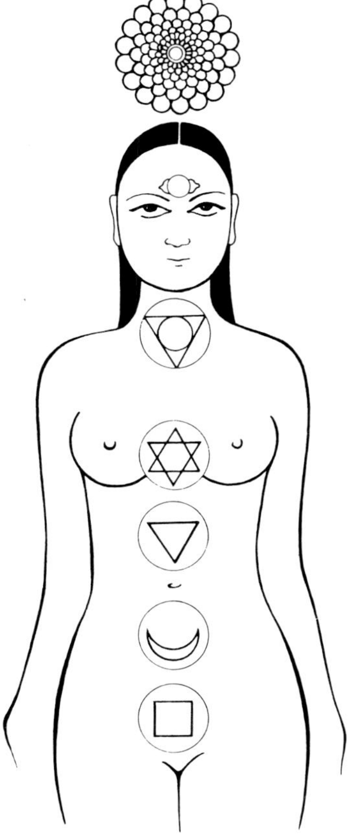

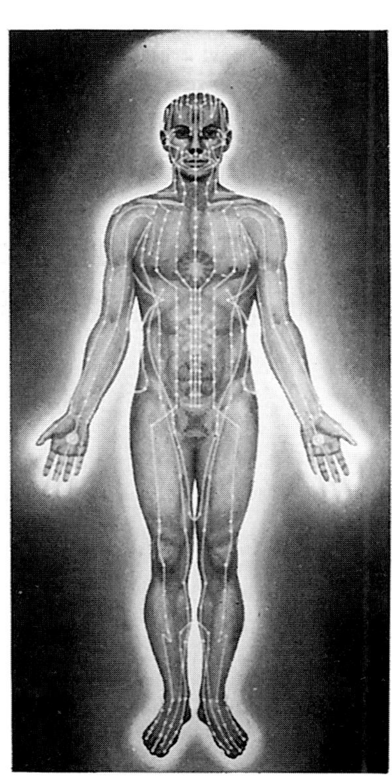

결합하는데 척추의 중심을 따라 의식의 잠재력이 자리하고 있는 챠크라, 즉 정신의 중심들을 통과하여 그녀의 본질인 에너지로서 현현된다. 모든 챠크라는 미세신 또는 에테르상의 신체에 있는 것으로 눈에 보이는 육신에는 자리잡고 있지 않다. 정신적 에너지를 호흡하므로써 챠크라에서 존재의 모든 현상을 관장하는 것이다.

탄트라에서는 각 경전마다 수에 차이가 있기는 하지만, 보통 육체와 정신이 유기적으로 결합되는 주요한 의식의 중심들이 6개가 있다고 한다. 척추의 기부에서부터 시작하여 물라다라Mūlādhāra 챠크라·스바디스타나Svādhisthāna 챠크라(생식기 주변)·마니푸라Maṇipūra 챠크라(배꼽 근처)·아나하타Anāhata 챠크라(심장 근처)·비슈다Viśuddha 챠크라(인후 뒤쪽), 그리고 아즈냐Ājñā 챠크라(양미간 사이) 등이 있다. 일곱번째 챠크라인 사하스라라Sahasrāra는 초월적인 챠크라로 손가락 네 개 정도의 넓이로 정수리에 자리잡고 있다. 사하스라라 챠크라는 순수의식인 시바가 있는 장소라 하며, 반면에 물라다라 챠크라는 샥티가 머무르는 곳으로 이번에는 군달리니로 존재하고 있는 것이다. 이미 언급한 특별한 수행법을 통해 군달리니 샥티는 영혼 중심들을 통과해 솟아 올라오게 되는데, 완전히 충만해질 때까지 계속된다. 즉 굴라-군달리니Kula-Kuṇḍalini로 사하스라라 안에 있는 절대자와의 융합으로 시바-샥티Śiva-Śakti의 통일에서 생기는 해탈의 기쁨을 의식하게 되는 것이다.

탄트라의 세계에서는 인간이라는 유기체를 전체가 담겨 있는 하나의 캡슐로 간주한다. 인체에 관한 진실을 깨닫는 자가 바로 우주의 진실을 알게 된다.(라트나사라Ratnasāra) 이미 깨달음에 이른 사람은, 이를 거의 존재에 대한 보편적인 지식으로서 받아들이고 있다. 정신적인 유기체와 물질적인 유기체는 상호 의존적이다. 왜냐하면 서로가 서로를 가능하게 하기 때문이다. 거시적으로 우주를 지배하는 힘이 동일하게 미시적으로 개인을 지배하고 있다. 생명은 하나의 근원에서 생겨난 것이며, 생명이 만들어내는 모든 현상은 광대하게 얽혀 있으면서 결코 분리될 수 없는 전체 안에 상호 연관되어 있는 것이다. 근본적인 통일이야말로 대우주와 소우주 사이의 다리와 같은 역할을 한다. 『인간의 신체도 태양 또는 지구라는 전자기체와 같이, 물질적인 한계를 넘어서는 현대의 지식으로 설명해야 할 오감을 초월한 잠재된 인간의 능력을 계속 보여주고 있다. 눈에 보이지 않는 에테르 상태의 기체와 종교적인 전통으로 굳어진 기체의 기관—챠크라—침술가들이 찾고 있는 〈콰이Qi〉 에너지의 흐름 등—이 모든 것이 지구와 또 그 이상의 그 무엇의 에너지 리듬과의 융합과 동일화에서 발산되어지는 것이다.』[1]

개인 각자에게는 눈에 보이지 않는 에테르상의 쌍둥이인 미세신, 또는 숙쉬마Sūkśma체가 있다. 살이 붙은 육신(스툴라 사리라 Sthūra Śarira) 외에도 미세신(링가Liṅga 또는 숙쉬마 사리라Sūkśma Śarira)과 근원〈체〉(카라나 사리라Kārana Sarira)가 더 있다. 탄트라에서는 인체를 다섯 개의 껍질 또는 우주적 외피, 각(sheaths), 또는 코사스Kośas로 되어 있다고 하는데, 밀도가 점점 낮아지는 층을 형성하고 있다. 물리적인 신진대사 작용은 육신의 아나마야—코사Annamaya—Kośa(음식 형태의 각)라고 한다. 더 미세하게는 생명기의 순환층인 프라나마야—코사Prāṇamaya—Kośa가 있고, 세번째와 네번째 각은 더 미세하며 깨달음과 분별과정의 껍질로 미세신의 마노마야Manomaya와 비즈나나마야Vijñānamaya(정신과 지성의 각)이다. 마지막 껍질은 가장 미세하며 아난다마야Ānandamaya라고 하는데, 해탈의 기쁨을 느끼게 되는 인간의 특별한 능력을 말하며 〈근원〉체에 해당한다.

신체의 물질적인 각인 아나마야Annamaya는 각각 물라다라·스바디스타나·마니푸라 챠크라에 있는 다섯 가지 요소 중 세 가지—흙·물·불의 요소와 연관되어 있다. 프라나마야Prāṇamaya 각에는 우주의 생명력인 프라나Prāṇa가 깃들어 있는데, 아나하타 챠크라와 비슈다 챠크라에 있는 풍風과 공空 요소를 통해 스스로를 드러낸다. 마노마야Manomaya·비즈나나마야Vijñānamaya 각은 아즈냐 챠크라를 그들의 중심으로 삼고 있다. 아즈냐 챠크라가 활성되므로써 내부를 향한 비전이 눈뜨게 되며, 실재하는 사물들에 대한 진정한 지식이 〈제3의 눈〉으로서 즉 우주적인 의식이 이 중심에서 펼쳐지게 되는 것이다.

이러한 미세한 각들은 몇 개의 정신적 점에서 거대한 또는 물리적인 입자

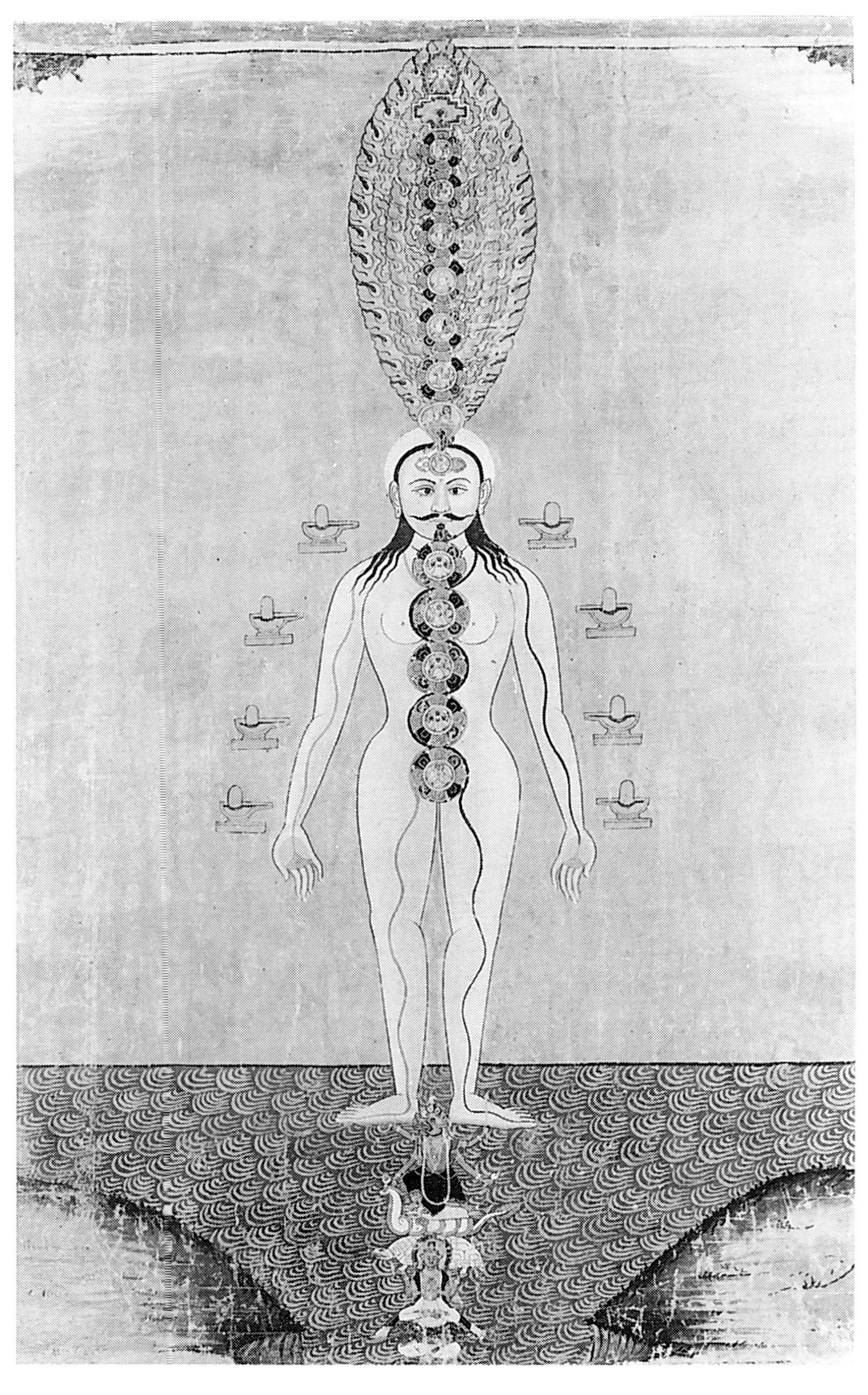

● 요가 수행자의 에테르상의 신체에 있는 챠크라와 군달리니 체험의 상승하는 단계.
라쟈스탄, 18세기경, 종이에 안료. ◀

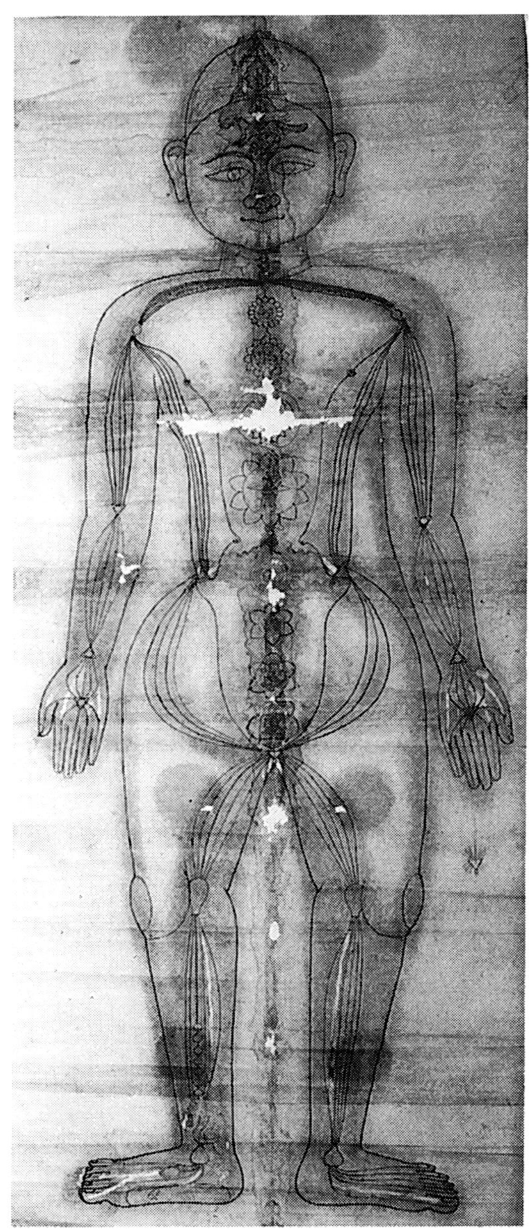

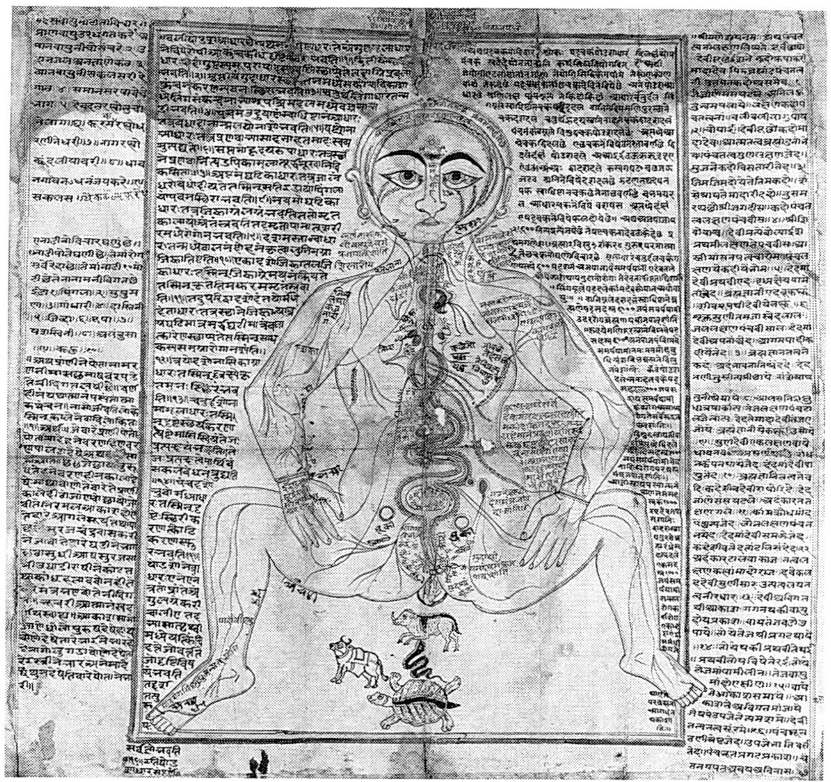

●나디 기도氣道, 인간 신체의 눈에 보이지 않는 미세 회로.
　왼쪽 ; 라쟈스탄 지방의 도상, 18세기경, 종이에 잉크와 수채.
　위 ; 카슈미르 지방의 채색본의 한 면, 18세기경, 종이에 잉크와 수채. 주요 에너지
회로(19쪽)가 척추를 둘러싸고 있다. 이다・핑갈라・스쉼나가 나뭇잎 형태로 묘사
되어 있다. 우타 프라데쉬 지방, 18세기경, 종이에 안료.

● 군달리니 에너지, 데칸 지방, 18세기경, 종이에 안료.

● 나가-반다, 돌돌 말려져 있는 뱀의 힘으로 수면에서 아직 깨어나지 않은 상태다. 라쟈스탄 지방, 19세기, 종이에 안료. ▶

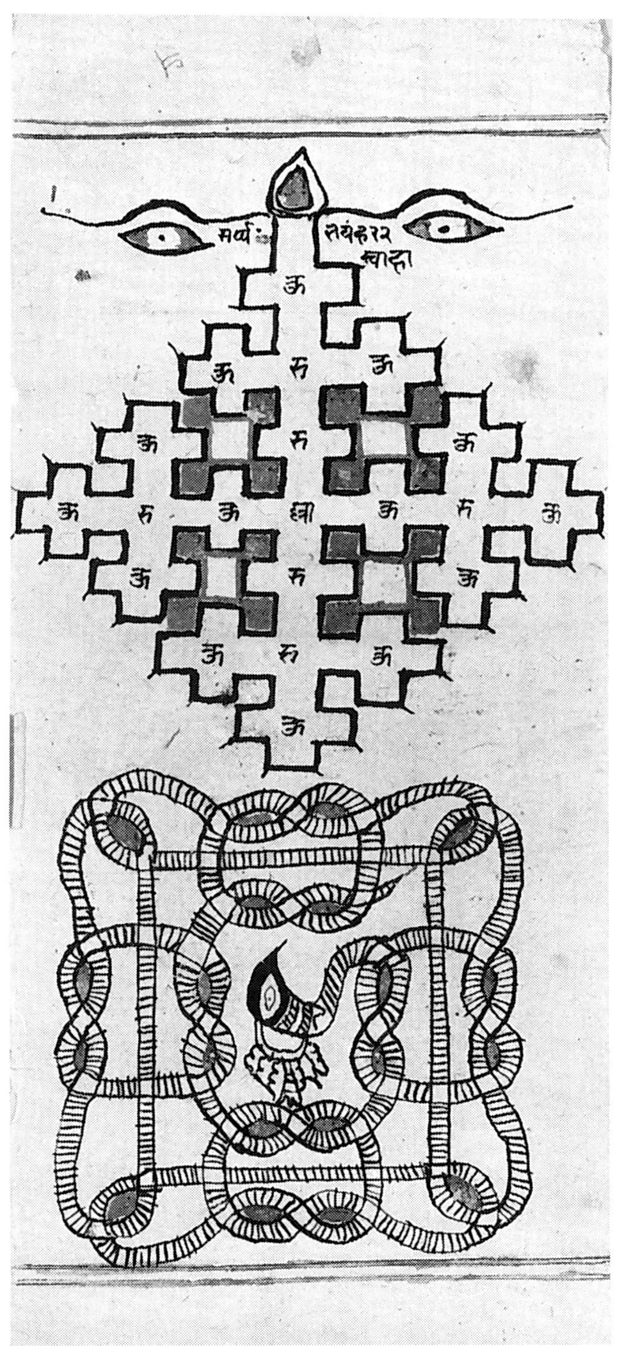

들과 상호 관련을 맺고 있는데, 이러한 점들은 나디Nāḍi(산스크리트 어근인 nād에서 파생된 말로 움직임·진동을 뜻한다)라 알려진 눈에 보이지 않는 수많은 통로로 서로 연결되어 있다. 이러한 미세관을 물질적인 신체를 해부해서 확인해 보려는 시도가 계속되었지만 실제로 직접 실험적인 관찰로는 추적할 수가 없었다. 만일 나디들Nāḍis을 눈으로 식별할 수 있게 된다면, 우리의 인체도는 아주 복잡한 회로도를 그리게 될 것이다.

수많은 에테르 회로인 나디 중에서도 가장 중요한 것이 중심 회로인 스쉼나Sushumṇā와 양측면의 회로 둘, 즉 왼편의 백색의 〈달〉의 회로인 이다Iḍā와 오른편의 적색의 〈태양〉의 회로인 핑갈라Piṅgalā를 말한다. 스쉼나 회로는 물라다라 바로 밑에서 시작되어 척추를 통과해 이마에까지 뻗어 있다. 스쉼나 나디 내부에는 세 개의 미세 통로가 더 있는데 바즈라Vajrā·치트리니Chitriṇi, 가장 안쪽의 브라흐마니Brahmāṇi 또는 브라흐마－나디Brahma－Nāḍi로 이를 통해 군달리니가 위로 움직이는 것이다. 척추 기저의 회음부로부터 정신에너지의 두 가지 흐름이 이다Iḍa와 핑갈라Piṅgalā를 통해 흘러가는데, 스쉼나를 중심으로 서로 반대 방향으로 돌아 양미간에서 이 세 회로가 만나게 된다. 스쉼나의 하부는 군달리니가 깨어나지 않는 한 닫혀진 상태로 있게 된다.

• 1천 개의 연꽃잎으로 상징되는 사하스라라 —군달리니 에너지와 우주의식이 합일을 이루는 장소—가 요가 수행자의 정수리 위에서 개화하고 있다. 라쟈스탄 지방, 19세기, 종이에 안료와 수채. ▶

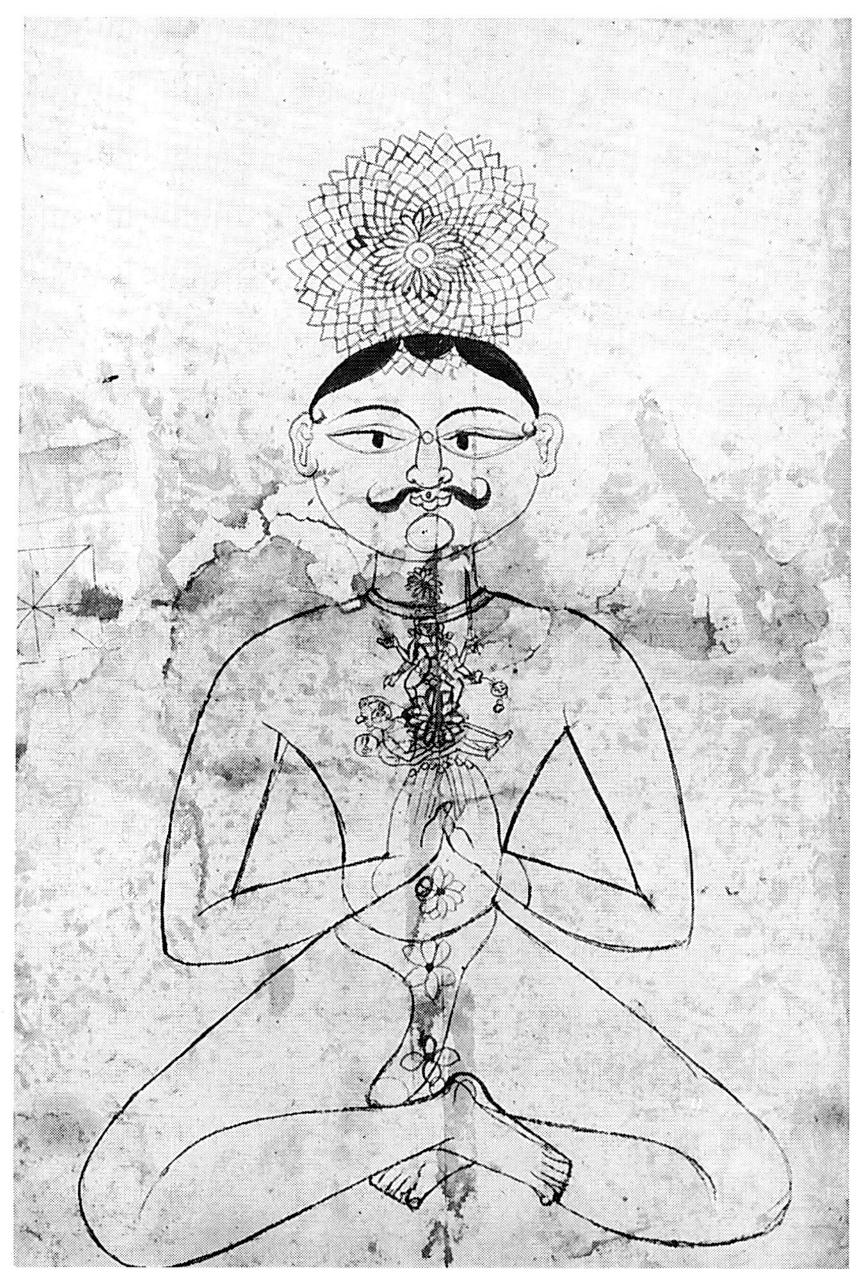

II

군달리니의 상승

군달리니의 상승을 실현시키기 위해서는 오랜 훈련과 예비 수련이 필요하다. 그러나 이러한 훈련에는 일정한 규정이 있는 것이 아니어서 수행법이 매우 다양하게 발전되어 왔다. 요가 훈련법을 통해 군달리니 에너지를 활성화시켜 브라흐마―나디를 따라 위로 올라가는 여행을 하게 하려면, 수행자는 그가 활용할 수 있는 모든 힘과 기술을 집중시켜야만 한다. 가장 안정된 자세를 취한 후에 수행자는 일련의 수행과정을 밟는데, 즉 〈감각의 억제〉 또는 프라탸아라Pratyāhāra, 모든 주의를 한 점(다라나Dhāraṇā)에 집중시켜 평상적인 정신활동을 완전히 중단시키는 과정을 통해 군달리니가 상승하게 되는 것이다. 수행자의 모든 정신력은 내부로 향하게 되고, 프라나야마Prāṇāyāma를 통해 흡입되고 간직되었던 생명의 숨(프라나Prāṇa)을 자극하여 이다와 핑갈라 기도를 통해 척추 기부에 있는 군달리니가 또아리를 틀고 앉아 있는 장소에 이르게 순환운동을 촉발시킨다. 프라나가 들어가므로써 밀폐된 공간에서의 급작스런 발화와 같은 격변이 일어나게 되고, 열과 굉음은 결합하여 뱀의 힘을 아무것도 인식할 수 없는 잠자고 있는 상태(요가―니드라Yoga―Nidrā)에서 일으켜 깨운다. 정신과 육체를 함께 통제하고 호흡을 조절하는 이러한 수행법은 군달리니―요가에서 비롯되었지만 탄트라 의례에도 쓰여진다. 프라나야마 수행방법은 명상 수행의 힘을 강화시켜 주는데, 이러한 기술이야말로 탄트라에서 가장 중요시하고 있는 것이다.

호흡을 하므로써 각기 다른 생명의 제형태들간의 또 한 존재와 인식간의 공생이 가능한 것이다. 요가 수행법은 이러한 생체동력을 조절하여 인체에 있는 의식을 확장하는 데 노력을 집중한다. 인체에 자리잡고 있는 미세한 중심들이 생명력을 갖게 되는 것은 호흡이라는 과학적인 현상 때문에 가능하다.

요가에서는 체계적인 호흡법을 개발 발전시켜 왔는데, 호흡 속도의 조절·호흡 깊이·리듬 등을 다스리는 방법이다. 평상시에 사람들의 호흡은 매우 불규칙하다. 들숨과 날숨이 얕은 것뿐만 아니라 조화가 깨져 있다. 모든 사람들의 호흡 주기는 수면상태의 군달리니—하루에 2만 1천6백 회 정도로 반응이 일어나는데, 다시 말하자면 개인의 하루 호흡수와 거의 일치하고 있다—와 역동적으로 반응하는 것인데, 육체의 호흡은 얕고 빠르며 폐기능의 불과 일부분만을 활용하는 것이며, 산소를 업은 에너지의 흐름을 군달리니를 깨우기 위해 아래로 유동시키지만 전체적으로 군달리니를 자극하기에는 부족한 것이다.

요가난다Yogananda는 자서전에서, 고대 요가 수행자들이 우주적인 의식과 호흡의 통제와의 내밀한 관계를 깨달았다고 하는 그의 스승(구루 Guru)의 설명을 구술하는데 다음과 같이 쓰고 있다. 『크리야 요가 수행자들은 그의 생명에너지를 척추에 있는 여섯 개의 중심들(연수·목·등·요추·천골·미골총 등) 주변을 회전 앞으로 위로 그리고 아래로 움직이게 정신적으로 지배했다. 그리고 이 여섯 중심들은 상징적인 우주적 인간인 12궁의 12개의 별자리와 상응한다. 인간의 감각기관인 척색 주변에서 일어나는 에너지의 변혁을 아주 짧은 시간 감지한다 하더라도, 이는 그의 생명의 진화에 있어 미세한 진보를 일으킬 수 있는 것인데, 왜냐하면 크리야 요가 수행 중의 30초라는 시간은 자연스런 정신현상이 1년 동안 전개된 것과 같기 때문이다.』[2]

프라나야마 단계는 아사나Āsanas(부동의 자세, 좌법坐法)·무드라Mudrās(의례적인 동작, 인계印契)·만트라Mantras(종자 음절, 진언眞言) 또 반다Bandhas(내부의 〈속박〉, 또는 근육의 수축) 등과 같은 요가 수행법을 통해 더욱 고양된다. 첫번째로 오랜 시간 동안 움직이지 않고 있을 수 있는 웅크리거나 또 편안하게 편 몸자세를 익혀야 한다. 파드마사나Padmāsana, 연화蓮花 좌법은 오른쪽 발을 포개어 왼쪽 허벅지 위에 얹어 놓고 왼쪽 발은 오른쪽 다리 위에 포개어 놓는다. 또한 시다사나Siddhāsana, 깨달음의 좌

● 파드마사나Padmāsana, 연화좌법.

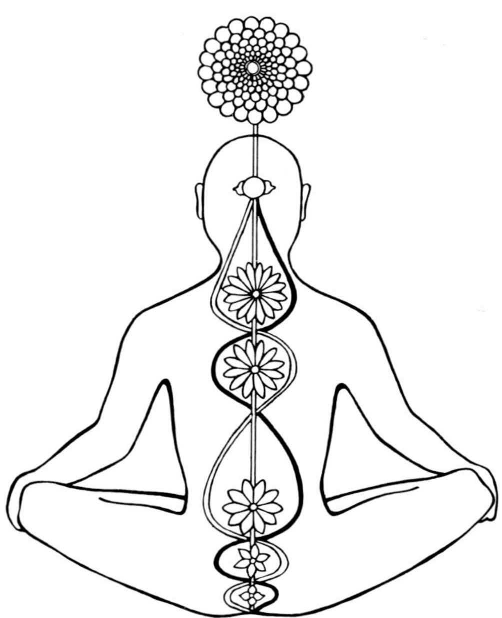

- 요가 수행자의 좌법(Āsana)

- 생명의 유전 정보를 담고 있는 DNA 분자의 이중나선형 구조.

- 생명의 숨, 프라나와 인간 신체에서의 이에 상응하는 위치. 왼편 위에서부터 ; 우다나·프라나·사마나·아파나, 그리고 브야나. 숨은 인간의 유기체 전체를 포괄한다.

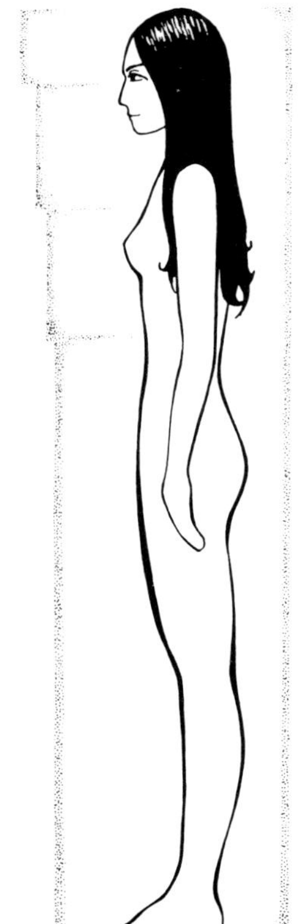

- 각각의 챠크라에 표시되어 있는 연꽃잎의 수는 각 챠크라의 고유한 진동수를 나타낸다. ◀

법은 왼발 뒤꿈치로 회음부를 단단히 누르고, 오른발 뒤꿈치는 배에 닿게 왼쪽 허벅지 위에 올려 놓는다. 위의 두 가지 좌법 모두 상체는 곧게 펴고 머리·목과 척추가 축을 중심으로 하여 균형을 맞추게 된다. 눈은 똑바로 코 끝을 바라보아 깊은 명상에 잠길 수 있게 하며, 양손은 무릎 위에 얹어 놓는다. 요가 수행자들은 이 두 가지 자세 중 어느 하나를 취하여 결가부좌 하더라도 안정된 삼각형의 밑변처럼 되어 에너지장의 폐쇄 회로를 교란시 키지 않게 된다고 설명한다.

프라나야마에서는 첫번째로 호흡을 조절하는 단계를 밟는다. 무엇보다도 리듬을 잃지 않는 것이 중요한데, 말하자면 집중을 계속해서 할 수 있게 하 며 또 자율신경계의 충격을 이용하는 것이다. 더 깊게 더 크게 숨을 들이쉬 므로써 한 번 들숨을 쉴 때마다 최대의 호흡량을 취하기 시작한다. 더 높은 단계로 올라가면 호흡 단위를 이루는 구성비에 대해서도 알아야 한다. 각 호흡 단위는 세 부분으로 구성되어 있다. 즉 들이쉼, 들이쉬는 동안 어느 한 순간에 숨을 멈춤, 대기로부터 에너지를 취하는 주요한 방법이다. 들이쉰 숨을 내쉼 등이다. 숨을 쉬는 동안 리듬을 잃지 않는다는 것은 이 세 가지 과정을 조절한 비례로 수행하느냐 못하느냐에 달려 있다. 들숨(푸라카Pū-raka), 멈춤(쿰바카Kumbhaka), 날숨(레챠카Rechaka) 사이의 이상적인 비 율은 1:4:2이다.

흡입된 공기는 왼쪽 콧구멍(달의 회로인 이다 회로와 연결되어 있다)으로 천천히 흘러 들어간다. 그동안 오른쪽 콧구멍은 엄지손가락으로 막는다. 그 런 후 숨을 멈추고 종자 음절인 얌Yaṃ을 명상한 후 적절한 리듬에 맞춰 숨 을 내쉰다. 동일한 방법으로 오른쪽 콧구멍(태양의 회로인 핑갈라 회로와 연 결되어 있다)을 이용해 반복하는데, 이때 명상해야 할 종자 음절은 람Raṃ 이다. 미골尾骨 근방에서부터 시작되어 올라오는 이다와 핑갈라 회로는 스 셤나를 중심으로 꼬여 있는데, 챠크라 사이에서 교차하고 있다. (한 가지 재 미있는 것은 생명의 유전 정보를 담고 있는 DNA 분자의 2중 나선형 구조와 동일 한 형태로 되어 있다는 사실이다.) 프라나야마의 수행중에 이러한 통로들이 정화되어(회로를 깨끗하게 하는 과정이다) 정신에너지가 자유롭게 흐르게

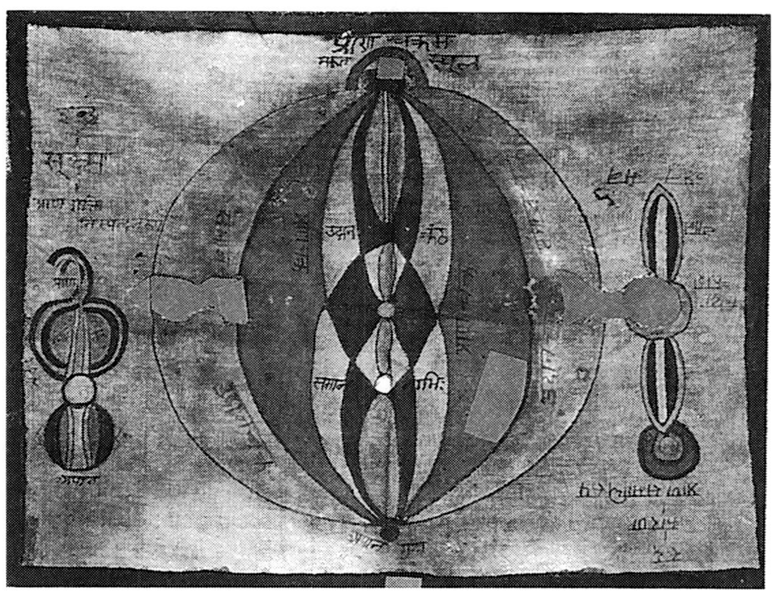

● 프라나야마 챠크라, 생명의 숨인 우다나·프라나·사마나·아파나, 그리고 브야나의 순환을 그림으로 설명하고 있다. 라쟈스탄 지방, 19세기경, 헝겊에 안료.

● 군달리니 만다라. 네팔, 1800년경, 종이에 잉크와 수채.

한다.

이러한 요가 수행을 하는 도중에 원초적인 음인 옴Oṃ이나 또는 산스크리트 알파벳에서 유래한 유사한 종자 음절을 반복해서 입으로 외는데, 수행자의 인내력을 고양시키는 수단일 뿐만 아니라 음의 진동을 미세 통로와 챠크라와 연결시키는 행위이다. 각각의 챠크라는 고유의 색과 음에 상응하며, 각기 다른 진동수에 맞게 떨리게 된다. 척추 기부의 챠크라에서부터 시작하여 정수리로 차례로 올라가면서 이러한 진동수는 4, 6, 10, 12, 16, 2, 1.000으로 탄트라 경전에는 나와 있다. 또한 타트바Tattvas(미세 요소들) 방사선의 수는 물라다가 56, 스바디스타나가 62, 마니푸라가 52, 아나하타가 54, 비슈다가 72, 아즈냐가 64인 것으로 나와 있다.

생명의 숨인 프라나 중의 하나가 아파나Apāna인데, 배꼽 아래 부분에서 일어나는 현상들을 제어한다. 아파나Apāna는 자주색 또는 오렌지색과 연계되어 있으며, 배꼽 아래에서부터 불의 요소와 결합되어 있다. 《요가 군달리니 우파니샤드 *Yoga Kuṇḍalinī Upanishad*》(42－46)에는 다음과 같이 설명해 놓았다. 『하향성의 아파나를 위로 상승하게 하는 과정 ——직장의 괄약근을 수축하므로써 가능하다——을 거치는데, 이를 물라반다Mūlabandha라 한다. 위로 상승하게 된 아파나가 불의 요소가 자리잡고 있는 지역에 도달하면, 상승한 생명의 공기〈프라나〉때문에 불꽃이 한층 더 강렬해진다. 불과 아파나가 합쳐져서 프라나가 가열되면 인체내에서 하나의 흐름이 생기게 된다. 이러한 흐름으로 잠자고 있던 군달리니는 매우 뜨겁게 열을 받게 되어 드디어는 상승하기 시작하는데, 막대기로 후려 맞은 뱀처럼 슛 소리를 내면서 똑바로 서게 되고, 구멍으로 들어가는 길을 따라 브라흐마－나디의 내부에 이르게 된다.』

생명의 공기의 흐름이 출발하는(즉 하강하는) 것과 같이 역동적인 우주의 원리는 복귀하는 흐름의 시작을 함께 내포하고 있다. 상승은 하강하는 과정의 역으로 진행된다. 이렇게 반복적인 호흡의 충만과 비움이 바로 우주 그 자체의 리듬이며, 군달리니의 근본 충동을 자극하는 파동을 일으키는 원동력으로 작용한다. 교란을 받게 된 군달리니는 드디어는 깨어나고, 감았던

● 원초의 진동, 옴Oṁ, 여기에서 모든 기본적인 소리 형태의 만트라가 생겨난다.
라쟈스탄 지방, 19세기경, 종이에 잉크.

또아리를 틀고(즉 역동적이 된다) 독이 오른 뱀처럼 위로 솟아오르기 시작한다. 또 그녀가 상승할 때는 각 챠크라에 나타나는데, 라야-요가Laya-Yoga(라야=흡입)에서는 샥티와 시바가 융합되어 완전한 합일, 즉 삼매三昧 또는 무한한 기쁨에 이를 때까지 상승한다.

각기 고유한 의의를 갖고 있는 음절체계가 완비될 수 있는 데는 탄트라의 공이 컸다고 할 수 있다.(만트라-요가Mantra-Yoga) 보통은 말을 할 때 음을 의미를 표현하는 데 쓰고 있지만, 만트라는 성스런 음으로 존재 자체로서의 음 즉 순수한 음향의 진동과 관계하고 있는 것이다. 이러한 지식은 탄트라에서 기원하지 않고 베다의 제사에서 비롯되었는데, 원래 희생례를 올리는데 사용되었던 산술방식은 고도로 정확성을 기해야 할 필요가 있었다. 《우파니샤드》에 나와 있는 베단타 철학의 명상들에는, 끊임없이 프라나바Praṇava의 신비스런 우드기타Udgitha(문자 그대로 〈근원의 노래〉)를 상기시키는데 옴Oṃ을 강조한 것이다.

사이바가마Śaivāgama에 정통한 최초의 대가들 중의 한 사람인 난디케스바라Nandikeśvara에 따르면, 산스크리트 알파벳의 조합으로 표현되는 모든 소리는 시바의 우주북이 떨리면서 나오는 음, 즉 창조 그 자체라고 밝혀 놓고 있다. 음은 창조라는 패러다임이며, 음의 해체는 그것의 근원으로 재통합되는 것이다. 이러한 음성체계에 대한 지식이 인도의 음성학과 B.C. 3세기의 유명한 문법학자 파니니Pāṇini가 고안한 형태학적인 체계에 자극을 받아 발전하였지만, 더 직접적으로 나다Nāda(소리의 진동)와 스포타Sphota 즉 존재의 깨어남, 실현—드러남과의 관계를 더 깊이 있게 사색하도록 유도했다는 것을 간과할 수 없다. 그래서 탄트라 경전만을 살펴보더라도, 수행형태와 3,4천 년이나 된 기호체계가 거의 완벽하게 정리되어 있는 것이다.

이러한 복합적인 지혜를 익히는 데는 남다른 주의가 더 필요하고, 그래서 이것의 의의를 깨닫고 있는 정신적인 지도자(아디카라Adhikāra)에게 이 일은 위임되었다. 음성체계의 일부가 10세기에 번역되어지기도 했지만 근본적으로 구전된 것이고, 또 내밀한 내용을 담고 있다. 이러한 몇 가지 이유로 초심자는 그의 필요에 충족되고, 그의 입장과 정신적인 상태와 조화되는 선택된 신에 합당한 만트라를 고참 수행자의 판단에 따라 수여받게 된다.

탄트라어 의하면 만트라를 〈상기하는 것〉은 진동 회로를 활성화하는 것이며, 또 의식을 초월한 어떤 감정상태에 이르게 하여 사다나Sādhanā 영혼의 훈련중에 있는 수행자를 돕는 행위라고 한다. 만트라의 소리는, 또한 만트라가 조합된 소리는 성스러운 형상 또는 이러한 것들이 가지고 있는 에너지를 상승시키는 능력을 가지고 있다. 각각의 신성神性은 이것과 동가의 종자 음절인 비자 만트라Bija Mantra를 갖고 있다. 따라서 비자 만트라의 훔Huṃ은 〈만트라─음들을 포괄하는〉 군달리니 샥티의 본성이 표현된 원자화된 형태의 음, 또는 기본 진동이라 할 수 있다.(라리타─사하스라나마Lalitā─Sahasranāma, 103)

야마Yama와 니야마Niyama〔프라나야마Prānāyāma 수행법〕 수행을 하여, 또 다른 방식의 영혼의 훈련을 거쳐 사다카Sādhaka 구도자의 마음이 정화되면 스승에게서 위대한 해방에 이르는 길을 배우게 된다. 훔Huṃ〔비자 만트라〕에 모든 정신을 집중하여 군달리니를 상승시키고, 입구가 닫혀 있어 눈에 보이지 않는 스바얌부─링가Svayaṃbu─Linga의 중심을 관통하여 공기와 불르써 군달리니를 브라흐마─란드라Brahma─Randhra에 이르게 한다.』(《사트챠크라─니루파나 *Saṭchakra─Nirūpaṇa*》50권)

군달리니가 상승하고 있을 때 만트라 샥티(만트라의 에너지)의 활동내용에 대해 살펴보자면, 교리에 정해진 규칙에 맞게 반복되어지는 비자 만트라는 중심점의 역할을 하며, 또 계속 반복되어지는 것만으로도 수행자의 청각적 인식을 돕는다는 것을 빼놓을 수 없다. 만트라를 음송하므로써 인식의 영역이 하나의 점으로 응축되고 강화되어 그 압력으로 군달리니가 동요받고 깨어나기 된다. 그러나 만트라가 단지 군달리니를 일깨우는 하나의 기술적인 의의만을 갖는다고 생각해서는 안 된다. 그것은 실질적으로, 그리고 그것의 본성 자체가 신성의 현재함을 알리는 존재의 모습인 것이다.

미국인 연구원 번바움Bernbaum은 다음과 같이 쓰고 있다. 『만트라를 통해서 외부로부터 불가사의한 힘을 얻는 것은 아니다. 오히려 만트라는 평상시에는 자아라는 것에 억눌려 있던 각 개인의 내부에 있는 잠재된 힘을 해방시킨다. 만트라를 적절하게 이용하므로써 숙련된 수도자는 이러한 잠재된 힘들을 제어하고 지배할 수 있게 되는 것이며, 자아를 해체하여 자신 내부와 또 주위의 우주와 만나도록 그 스스로를 개방하는 데 이 힘들을 쓴다. 이러한 제어야말로 탄트라 요가의 요체이며, 탄트라 수행법의 비밀스러운 특징을 설명해 주는 것이다.』[3]

군달리니는 근본 음의 시작으로, 따라서 물라다라 챠크라를 〈모든 음의 근원지〉라고 불러오고 있다. 음에는 네 가지 상태가 있다. 거대한 것부터 가장 미세한 것의 순서로 바이카리Vaikhari(형식으로 실현된 음), 마드야마 Madhyamā(미세한 형식의 음), 파시얀티Pashyanti(미분화된 형식으로 우주에 대한 상이 내재해 있는 음), 파라Parā(들을 수 없는 음) 등이 있다. 바이카리는 청각으로 감지할 수 있는 음의 단계로 양표면이 서로 부딪칠 때나 또는 현을 뜯을 때 생성된다. 마드야마(〈중간〉을 뜻하는 산스크리트 단어에서 유래되었다)는 들리는 음과 내부 진동과의 과도기적 단계를 이른다. 파시얀티 단계에 이르러서는 음은 오직 영혼이 깨어 있는 수행자에게만 들릴 뿐이며, 파라 단계(〈초월적인〉 또는 〈넘어서는〉이라는 의미의 산스크리트 단어에서 유래되었다)에 이르게 되면 음은 청각적인 성질을 훨씬 넘어서는 그 무엇을 의미하게 된다. 파라는 일상의 고요함보다 더 깊은 침묵을 뜻한다. 그것은 내적인 것에 감응하는 음량으로 비감각적인 근본음 또는 음—포텐셜로써 경험하는 것이다. 실제로 이것은 진동이 없는 소리인데, 왜냐하면 무한한 파장을 갖고 있기 때문이다. 군달리니 샥티와 상응하는 것이 바로 파라이다.

네 가지 음의 단계에 대한 이론에서는 다음과 같이 설명하고 있다.『음의 체계란 군달리니 샥티가 물라다라에서 배꼽과 심장, 최종적으로 인후[중심들]에 이르는 것과 함께 14개의[산스크리트] 모음들[또는 이들의 공통의 어근으로서 a 모음]이 어떻게 음의 잠복된 상태로부터 서서히 개화해 나오는가를 보여 주는 것이다. 인후[중심]에서 최초로 음송되는 상승된 음은 대기음 h인데, 왜냐하면 비사르가Visarga [ḥ]는 〈창조〉[스리스티Sṛsti]라고 글자 그대로 해석하며, 이것과 동등한 대응짝인 아누스바라Anusvāra 또는 빈두

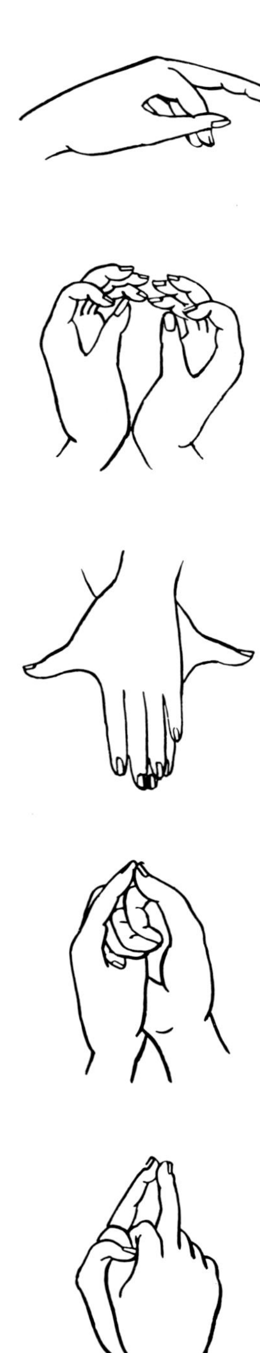

● 수행에 필요한 여러 가지 손 모양(무드라), 탄트라 수행자는 무드라를 군달리니−
요가를 시작하는 하나의 수행법으로 여기고 있다. 맞은편 위에서부터 므라가 · 파드마 ·
마치아 · 삼하라, 그리고 가다 무드라. ◀

위편 중앙 ; 디아나(명상) 무드라.

아래편 왼쪽 ; 요니 무드라. 네팔, 18세기경, 종이에 잉크와 수채.

Bindu는 유사한 방식으로 말의 〈포기〉[삼하라Saṃhāra]를 표현하는 것으로 통용되고 있기 때문이다. 아누스바라[또는 빈두]는 〈태양〉[수리야], 비사르가는 〈달〉[소마]이라고도 불려지며, a · i · u · r · l · e · o 모음들과 ā · ī · ū · ṛ · ai · au 모음들은 각각 〈태양의 광선〉 하나하나와 〈달의 광선〉 하나하나를 나타내며, 낮과 밤과 연결되어 있듯이 핑갈라 나디와 이다 나디와 연결되어 있다.』[4]

군달리니가 깨어날 수행자는 우주의 음을 듣게 된다. 군달리니가 물라다라를 떠날 때 그는 귀뚜라미의 울음 소리를 듣게 되며, 그녀가 스바디스타나를 지날 때는 발목 장식의 딸랑거리는 소리를, 마니푸라에 있을 때는 종소리를, 아나하타에서는 플루트의 음악을, 그리고 마침내는 군달리니가 비슈다를 통과할 때는 음의 의식으로서의 시바-샥티가 최초로 현현된 우주음 옴Oṃ을 듣게 되는 것이다. 음의 의식에 대한 올바른 이해와 지식은 지고의 의식을 얻게 되는 한 방법이다.

만트라-샥티가 활동하여 존재에 관한 의식을 일깨우고 고양된 상태를 유지하는 동안에 매우 중요하고 실제로 이것이 없으면 안 되는 보조적인 수행이 먼저 간구되어져야 한다. 탄트라 수행자는 니야사Nyāsa와 무드라Mudrā를 요가 수행을 시작하는 정도正道라고 생각한다. 니야사는 의도적으로 신성한 장소에 들어가는 수행자들이 올리는 의례를 말한다. 이 의례는 육신과 육신의 주요 점들을 정화 또는 순화시키는 과정이며, 그리고 새로워진 부분들은 손가락 끝을 올려 놓으면 더욱더 예민해진다. 이제 육신은 수면상태에서 깨어나 원래의 신성한 역할을 다할 준비가 된 것이다. 무드라를 함께 취할 때 신체는 이제 신에게 바쳐진다. 무드라는 봉헌과 복종을 함께 의미하는 의례화된 육체언어다. 신체는 개별적인 모습을 잃어버리고, 신은 육신 안에 있는 순수한 거처로 초대된다.

탄트라 수행자들은 육신이 반드시 잠에서 〈깨어나야〉 한다고 믿고 있다. 『육신에 새로운 질서를 부여하는 이러한 과정은 신체를 우주적인 수준으로 끌어올리고, 요가의례를 통해 제어하여 내부의식의 세계로 도달하게 하는 하나의 〈도구〉로 그것을 대하므로써, 의식의 영역을 흔들어 깨우므로써 또

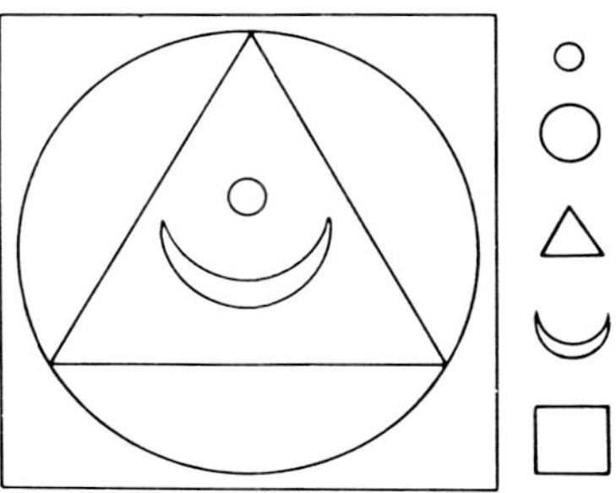

●더 미세해지고 상승하는 순서로 되어 있는 다섯 가지 요소들 : 지地 · 수水 · 화火 · 풍風 · 공空 밖의 사각형으로부터 중앙의 빈두를 향해 가는 구조로 되어 있다.

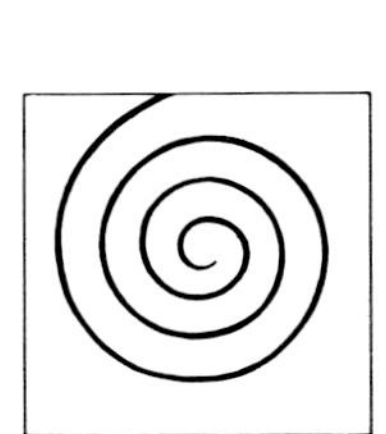

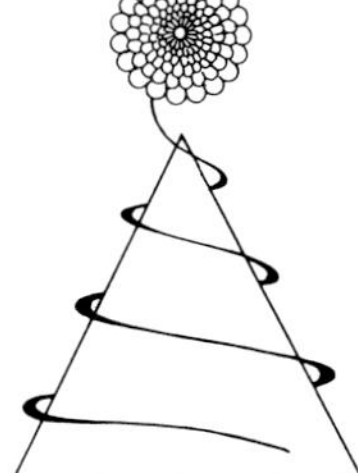

●기부 챠크라, 물라다라에서 군달리니가 상승하여 사하스라라 챠크라에서 개화하여 스스로를 완성시키고, 회귀하여 기부 챠크라에서 감겨진 에너지로서 잠들게 된다.

잠재된 미세에너지를 운동하게 하므로써 실현된다. ……탄트라에서 인간과 우주와의 관계는 역전된 관계로 인간 그 자신이 우주가 되었던 것이다. 다시 말해서 우주의 질서에 참여하고 있는 인간의 위치는, 그와 그의 신체가 무한한 힘을 담고 있는 하나의 도구(얀트라Yantra)로서 이해되어지며, 그의 하찮은 능력일지라도 영원의 가치가 담겨 있는 것으로 전화될 수 있으며, 신의 영역에서 인간의 영역으로 움직이는 힘의 흐름이라고까지 확대 고양되었다.』[5]

손가락의 모양(무드라)은 탄트라 의례의 니야사Nyāsa와 밀접한 관계가 있다. 의례에서 취하는 행동형태들은 숙련된 수행자의 마음 속에 하나의 반응을 일으키며, 집중력을 높이기 위한 신성한 힘을 이끌어낸다. 예를 들어 요니-무드라Yoni-Mudrā는 샥티의 얀트라Yantra를 상징한다. 이는 수행자와 샥티의 에너지를 융합시키는 신성을 구하려는 목적으로 수행된다. 바즈롤리Vajroli · 아슈바니Aśvani · 사하졸리Sahajoli · 케차리Khechari, 또 마하무드라Mahāmudrā 등과 같은 무드라는 샥티-찰라나Śakti-Chā-lanās, 〈에너지-활성체〉로 좌법 · 호흡조절기술 · 만트라와 함께 수행되어 군달리니를 일깨운다.

신체라는 즉각적이고 물리적인 세계가 이제는 감정이 잦아든 순수한 것이 되었을 때, 마음은 칼날에 선 것처럼 긴장하고 주의를 놓치지 않으며 영혼을 깨어나게 한다. 신의 도움을 간절히 바라고 내부의 감겨진 에너지가 풀려 드디어는 상승하기 시작하고, 이와 함께 탄트라-요가의 본 드라마가 전개된다. 정숙을 통해 깨고, 꿈꾸고 또 잠자는 것을 초월하는 제4의 상태인 투리야바스타Turiyāvasthā에 이르는 삼키야-요가Sāṃkhya-Yoga와는 다른 여러 가지 점 때문에, 군달리니-요가는 역동적이고 활발한 수행법으로 여겨지고 있다.

자아의 우주의 중심으로 되돌아가는 과정중에 수행자는 상승의 단계를 밟게 된다. 무의식의 경험과 잠재의식, 또 의식의 경험 등 각각의 단계들이 마치 꽃처럼 전개되는데, 숨겨지고 제한된 것에서부터 점차적으로 더 개방되고 확대되고 고양된 존재로 자아의 의미가 상승되는 일련의 통제력 때문에 경험할 수 있는 것이다.

개인을 공통된 지식체계와 행동체계에 묶어두고 있는 정신적인 장애와 억압은 진실로 향해 가는 명령에 굴복해야만 한다.

자아를 통제하므로써 상승하는 여행이 시작되고 에너지인 군달리니를 정제하여 여섯번째 챠크라, 명령의 중심인 아즈냐Ājñā에 이르게 하면 질적인 변화를 겪게 된다. 이 상태가 말하자면 마지막 착지로 스툴라Sthūla, 구체적이고 인식 가능한 물질의 단계로부터 숙쉬마Sūkśma, 미세한 요소의 상태를 거쳐 파라Parā, 근본적인 또는 궁극적인 단계의 존재로 고양되어 마침내는 군달리니가 브라흐마－란드라Brahma－Randhra에서 파라와 만나게 되는 사건으로 인해 완성된 존재로 질적인 변화를 일으키는 시점이다.

탄트라에 따르면, 각각의 챠크라는 인식된 세계를 구성하고 있는 요소들의 하나하나와, 또 이러한 세계의 단순한 모사물로서의 개개인의 각 구성요소와 상응하는 것이다. 물라다라는 고체상을, 스바디스타나는 액체상을, 마니푸라는 기체상을, 아나하타는 풍風을, 비슈다는 에테르 또는 공간을 상징한다. 요소들의 점진적인 변형으로서 전체과정이 변화도의 증가와 함께 진행된다는 것을 이해할 수 있을 것이다.

비슈다Viśuddha 중심에서는 네 개의 요소들을 초월하여 수행가는 추상의 세계, 공간(아카사Ākāśa)의 중심, 우주를 가득 채운 진공의 원리에 이르게 된다. 그곳은 경험적인 세계를 초월하여 들어가는 곳이다. 즉 〈이해의 세계〉를 초월하는 곳이다. C.G. 융Jung은 원형의 기호체계(또는 꿈이나 신화, 그리고 창조적인 인간 정신 안에 떠오르는 집단 무의식 속에 보유되어 있는 잔존된 이미지들)를 이용하여 만다라, 또는 경험의 원뿔이 이러한 여행을 시각화한 것이라고 설명했다. 그는 그것을 천구의 원주, 또는 원뿔의 기부로부터 출발하여 존재의 중심에 있는 최고의 경험에 도달하는 내부로 또 위로 향하는 나선형의 등반이라고 한다.

군달리니 샥티가 깨어나 또 하향성에서 상향성의 운동으로 방향을 바꾸어 상승하여 시바와 합일되었을 때, 존재 전체가 형언할 수 없는 기쁨과 함께 자아로 밀려 들어오므로써만이 물리적인·정신적인 영혼의 상태로 전화

되는 활성화·변형·순수화가 가능해진다. 수행자는 스스로를 보다 거대한
요소로브터 보다 미세한 요소로 고양시키며, 초월적인 경험을 하므로써 그
와 시바–샥티와의 합일을 깨달으며 〈우주적인 인간〉이 된다.

●챠크라에 대한 추상적인 명상도 시리즈 중의 네 가지. a, b, c, d 각각은 고유한
시각화된 내용을 담고 있다. 뱀·남성신·여성〈에너지〉, 그리고 1천 개의 꽃잎을 가
진 연꽃을 상징한다. 라쟈스탄 지방, 18세기경, 종이에 안료. ▶

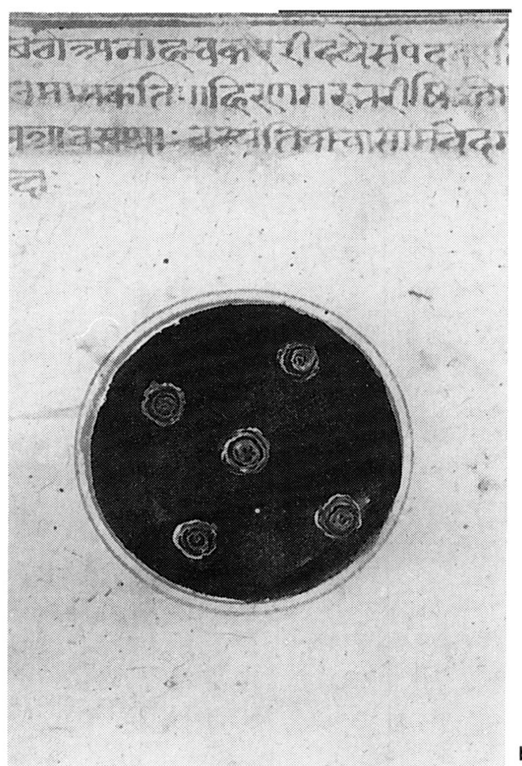

b

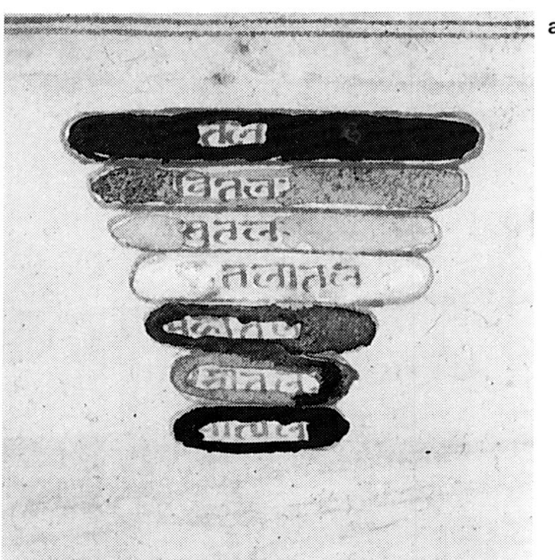

a

d

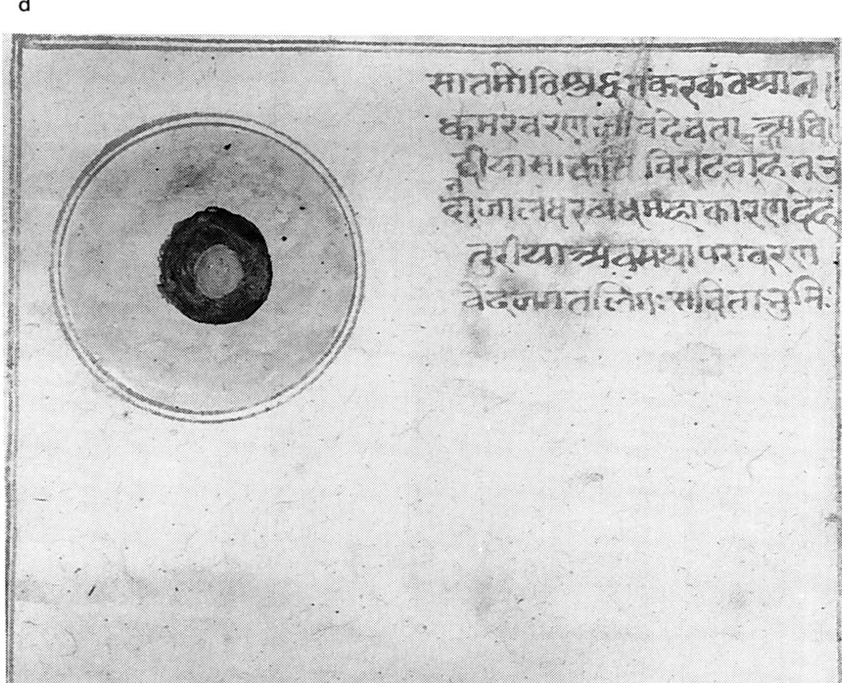

c

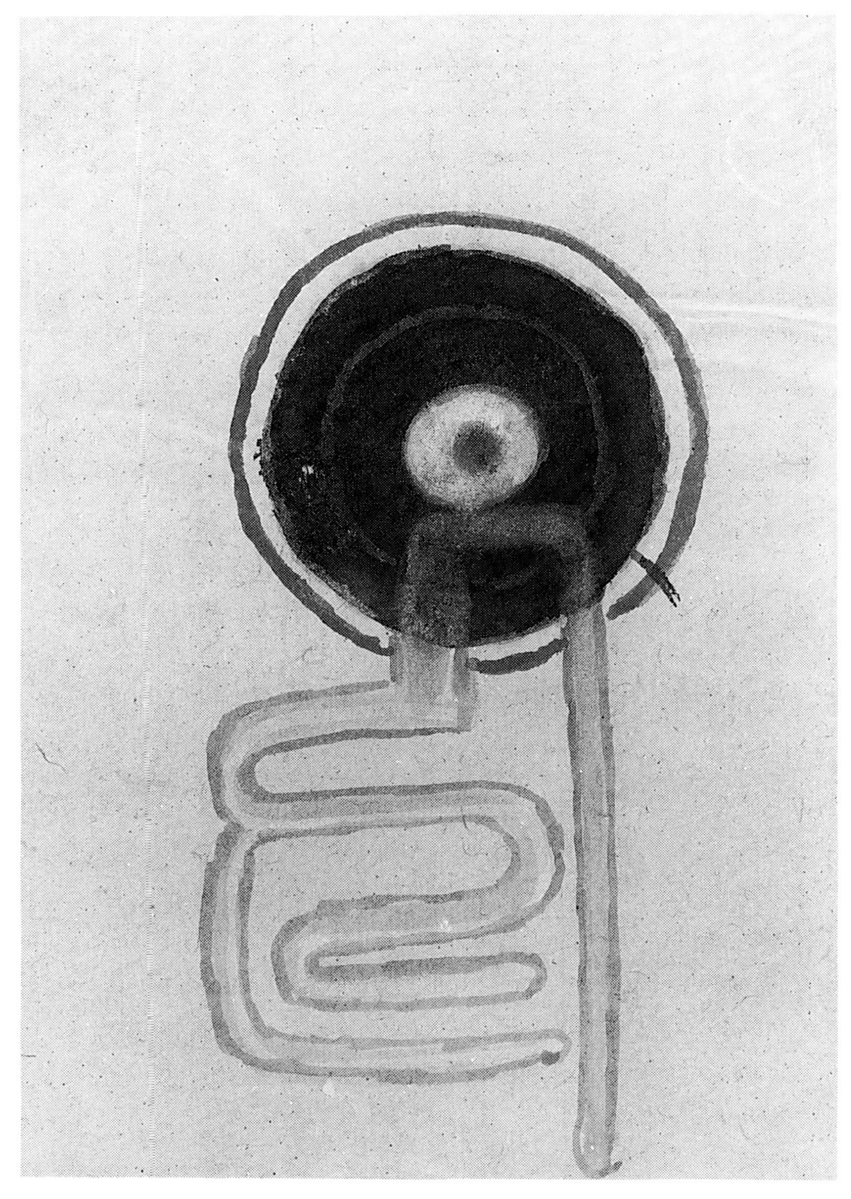

● 하림 만트라와 함께 하는 에너지축으로서의 군달리니의 우주적인 형상, 라쟈스탄 지방, 19세기 경, 종이에 안료.

● 미세신 또는 에테르상의 신체
의 챠크라들이 일곱 송이의 연꽃
으로 묘사되어 있다. 각각의 연꽃
은 상승하는 단계의 의식을 상징
하는데 여성에너지인 군달리니 샥
티가 이를 활성화하고 통과하게
된다. 군달리니 샥티와 사하스라
라에 있는 절대자와의 융합이 챠
크라의 중심에 흰색 발자국(시바
의식)과 붉은색 발자국(샥티 의식)
으로 묘사되어 있다. 네팔, 17세기
경, 종이에 안료.

• 불의 제단에 샥티와 함께 있는 군달리니. 마니푸라 챠크라와 관계된 불의 요소를 상징하고 있으며, 그곳에 주재해 있는 샥티가 라키니임을 보여준다. 라쟈스탄 지방, 19세기경, 종이에 안료.

• 군달리니 요가의 두루마리 그림에는 잠에서 깨어나 역동적으로 움직이는 솟아오르는 뱀의 힘을 보여준다. 라쟈스탄 지방, 18세기경, 종이에 잉크와 안료. ◀

द्रावनी २

● 챠크라를 나타내는 전통적인 동물신과의 상징에서 군달리니의 정신적 여행에 대한 많은 현상들에 대해 알게 된다. 마니푸라 챠크라는 태양 신경총에 위치해 있는 단계로 시각과 빛, 빛의 힘과 불의 특질과 관계하고 있다. 이것의 동물 상징은 불의 신 아그니를 태우고 다니는 숫양이다. 데칸 지방, 1800년경, 종이에 안료.

● 니야사를 하고 있는 요가 수행자, 손가락을 만트라를 음송하면서 신체 곳곳의 감각 ─인식 부위에 올려 놓는다. 이렇게 해서 만트라의 공명과 함께 신성한 힘이 점차로 신체 내로 투입되게 된다. 라쟈스탄 지방, 1858년, 종이에 안료. ◀

• A Vaishnavite version of Maṇipūra Chakra, 주재신과 함께 샥티가 신화적인
새인 가루다에 타고 있는 것을 나타내고 있다. 데칸 지방, 1800년경, 종이에 안료.

● 챠크라가 연꽃으로 상징되어 있지 않고 우주적 인간의 신체내에 있는 상승하는
의식의 단계들로서, 또 추상적인 에너지의 축들로서 묘사되어 있다. 우주적 인간인
푸루샤카라Purushakāra를 나타낸 얀트라Yantra. 라쟈스탄 지방, 18세기경, 종이
에 안료.

●군달리니가 상승하여 합일됨, 각각의 챠크라는 고유의 음성 진동과 색깔과
관계하고 있다. 네팔, 17세기경, 종이에 안료.

챠크라—에너지 중심들

초기의 두루마리 그림에는, 챠크라를 상징적인 이미지가 배제된 소용돌이치는 에너지로 표현해 놓은 것을 종종 보게 된다. 그러나 이것보다는 챠크라를 연꽃으로 묘사한 것이 더 일반적이다. 군달리니가 챠크라에 도달하면 연꽃이 피어나고 꽃봉오리는 위로 향하게 된다. 또 그녀가 더 높은 챠크라를 향해 떠나는 순간 연꽃은 꽃잎을 오므라뜨리고 시들어 버린다. 이는 챠크라의 에너지가 활성화하여 군달리니에게로 동화되는 것을 상징한다. 챠크라가 위에 있을수록 연꽃잎의 숫자도 증가하는데, 하나의 가능성에서 다른 형태의 가능성으로 에너지를 변화시키는 주모자 역할을 하는 각각의 챠크라의 에너지 또는 진동수의 증가를 의미한다.

보통은 산스크리트 문자가 꽃잎 위에 씌어져 있는데 이는 음의 진동을 나타내며, 또한 각기 다른 챠크라에서 활동하고 있는 에너지의 강도가 틀리다는 것을 상징한다. 마찬가지로 각각의 챠크라를 상징하는 빛깔로 챠크라의 진동수와 조화를 이루고 있다. 각 챠크라마다 고유의 꽃잎수와 상응하는 빛깔이 있다. 물라다라는 4장의 꽃잎을 가진 붉은색 연꽃으로 묘사되며, 스바디스타나는 6장의 꽃잎을 가진 주홍색 연꽃, 마니푸라는 10장의 꽃잎을 가진 푸른색 연꽃, 아나하타는 진홍색의 12장의 꽃잎을 가진 연꽃, 비슈다는 탁한 보라색의 16장의 꽃잎을 가진 연꽃, 아즈냐는 2장의 백색 꽃잎을 가진 연꽃, 그리고 마지막으로 사하스라라는 1천 개의 태양의 빛을 담고 있는 1천 개의 꽃잎을 가진 연꽃으로 묘사되어 있다.

1] 물라다라 챠크라는 척추 기부의 천골총薦骨叢에 있는 감각을 통한 경험의 근본 중심으로, 이를 상징하는 4장의 붉은 연꽃잎 안에는 va·śa·sa·sa 4개의 산스크리트 문자가 빛나는 황색 또는 노란색으로 각각 씌어

• 군달리니 요가를 수행하는 동안 군달리니가 상승하는 것을 묘사, 설명해 놓은 명상 시리즈의 세부. 라쟈스탄 지방, 18세기경, 종이에 안료. ▲ ▶

져 있다. 이 글자들은 땅의 요소를 나타내는 노란색 사각형 안에 종자 만트라인 람Lam과 함께 들어 있다. 4개의 글자는 근본 진동을 나타내며, 생명의 숨인 아파나Apāna와 관계되어 있다. 사각형의 중심에는 역삼각형이 있는데, 흑색 또는 붉은색의 스바얌부―링가 둘레를 세 번 반 휘감고 잠들어 있는 군달리니를 감싸고 있다. 과피 안에는 주재신인 브라흐마가 있는데, 검붉은색에 4개의 얼굴을 하고, 세 개의 눈과 네 개의 팔은 삼지창을, 봉헌주가 담긴 항아리를, 염주를 들고 그리고 공포를 없애 주는 손 모양 아바야 무드라Abhaya Mudrā를 취하고 있다. 이 신은 전체적인 물리적인, 또는 물질적인 세계를 지배한다. 그의 에너지 또는 샥티는 다키니Dākini라고 하는데, 빛나는 핑크빛의 네 개의 팔에는 해골이 달린 막대기·삼지창·칼·술잔을 들고 있다. 물라다라 챠크라는 땅의 요소를 나타내는 특질인 저항과 고체성과 관계하고 있다. 목 주위에 검은색 가죽띠를 두르고 있는 거대한 코끼리가 다키니의 심벌이다. 후각의 원리(탄마트라Tanmātra)가 이 중심에서 경험되어진다.

2] 스바디스타나 챠크라는 생식기 윗부분의 척추에 있으며, 개개인의 개성을 구성하는 모든 것들의 중심으로 6장의 주홍색 연꽃잎 안에는 ba·bha·ma·ya·ra·la 여섯 개의 산스크리트 문자가 각각 씌어져 있다. 과피 안에는 물의 요소를 나타내는 반달이 종자 만트라인 밤Vam과 함께 들어 있다. 만트라 위에 주재신인 비쉬누Vishnu가 앉아 있는데, 빛나는 짙은 푸른색에 세 개의 눈, 네 개의 팔에는 법라패, 권표權標, 바퀴 그리고 연꽃을 들고 있다. 이 신은 우주 안에 꽉차 있는 생명력이다. 그의 에너지는 라키니Rākini 또는 챠키니 샥티Chākini Śakti인데, 짙은 푸른색에 세 개의 눈, 네 개의 팔에는 삼지창·연꽃·북, 그리고 꽃을 들고 붉은색 연꽃 위에 앉아 있다. 이 챠크라와 관계된 동물은 밝은 회색 또는 녹색의 만카라Mankara(악어와 비슷한 바다 괴물)인데, 바다의 상징이며 또한 바다의 신인 바루나Varuna신을 태우고 다닌다. 이 챠크라는 미각의 원리, 그리고 생명의 호흡인 프라나Prāna를 통제한다.

3] 마니푸라 챠크라는 태양 신경총(명치) 부근에 있는 〈중요 중심〉으로,

10개의 푸른색 연꽃잎에는 ḍa · ḍha · na · ta · tha · da · dha · na · pa · pha 등 10개의 문자가 씌어져 있다. 연꽃의 중심에는 〈떠오르는 태양같이 빛을 내는〉 붉은색 역삼각형이 있는데 불의 요소와 관계하고 있다. 종자 만트라는 람Raṃ이다. 이 챠크라의 주재신은 루드라Rudra인데, 붉은색으로 네 개의 팔은 불·염주를 들고 있고, 은혜를 베푸는 바라Vara 무드라와 공포를 없애 주는 아바야Abhaya 무드라를 취하고 황소 위에 앉아 있다. 이 신은 정신의 세계를 상징한다. 그가 만들어내는 에너지는 라키니 샥티Lā- kini Śakti인데, 짙은 푸른색에 세 개의 얼굴, 각각의 얼굴에는 세 개의 눈이 있고, 네 개의 팔에는 불과 바즈라Vajra(번개)를 들고, 또 은혜를 베푸는 그리고 두려움을 없애 주는 손 모양을 취하고 있는 것으로 그려진다. 파탄잘리Patañjali는 그의 《요가 경전》(Yoga Sūtras 3권, 29쪽)에『이 챠크라를 명상하므로써 신체기관과 그 기능을 알 수 있게 되는데, 왜냐하면 마니푸라가 생명력의 챠크라이기 때문이다』라고 쓰고 있다. 이 챠크라는 시각의 원리와 관계하고 있으며, 또한 빛·불의 특성의 상승 확대와 관계한다. 동물은 회색 또는 붉은 벽돌색의 숫양으로 불의 신인 아그니Agni를 태우고 다닌다. 이 챠크라의 생명의 숨은 사마나Samāna이다.

4] 아나하타(〈감각할 수 없는〉을 의미한다) 챠크라는 심장 부근의 척추에 있으며, 12개의 글자 ka · kha · ga · gha · ṅa · ca · ccha · ja · jha · jña · ṭa · ṭha가 주홍색 또는 짙은 적색의 12장의 연꽃잎 위에 각각 씌어져 있다. 종자 만트라는 얌Yaṃ이다. 중앙에 금색의 삼각형이 1천만 개의 번개처럼 빛나고 있으며, 바나ㅡ링가Bāṇa-Liṅga가 들어 있다. 육각형 위에는 주재신인 이샤Ishā가 있는데, 빛나는 백색 또는 붉은 벽돌색으로 세 개의 눈에 두 팔은 은혜를 베푸는 손 모양과 공포를 몰아내는 손 모양을 각각 취하고 있다. 이 신은 순차적으로 드러나는 공간과 시간의 실재가 현상적으로 다양하게 전개되는 전체 우주계를 상징한다. 그의 에너지는 카키니 샥티Kākini Sakti라고 하는데, 빛나는 황색에 얼굴은 하나로 세 개의 눈이 있으며, 네 개의 팔에는 올가미와 해골을 들고 있고, 은혜를 베푸는 무드라와 공포를 몰아내는 무드라를 취하고 있다. 이 챠크라는 공기의 요소와 촉각의 원리와

● 마니푸라 챠크라, 배꼽 중앙.

● 스바디스타나 챠크라, 배꼽 아래.

● 물라다라 챠크라, 기부 챠크라.

- 아즈냐 챠크라. 양미간.

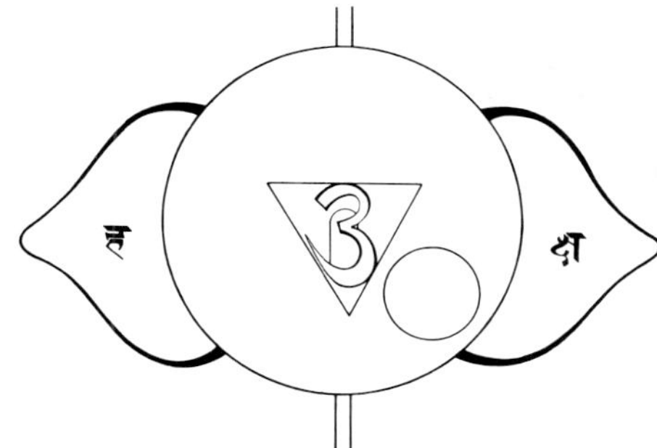

- 비슈다 챠크라, 인후 중앙.

- 아나하타 챠크라, 심장 중앙.

관계하고 있다. 연관된 동물은 검은색 영양 또는 가젤로 물리계를 이루는 물질의 빛을 상징하며, 베다시대의 바람신인 바유Vāyu를 태우고 다닌다. 이것의 생명의 숨은 프라나Prāṇa이다.

5] 비슈다(〈순수한〉을 뜻한다) 챠크라는 인후 뒤쪽(후두총)에 있는 숨골과 척추와의 접합 지점에 위치하고 있다. 16개의 탁한 보라색 연꽃잎에는 16개의 모음 a · ā · i · i · u · ū · ṛ · ṝ · ḷ · ḹ · e · ai · o · au · am · ah가 들어 있다. 주재신은 아르드바나리스바라Ardhvanāriśvara 모습을 한 사다시바Sadāśiva이다. 아르드바나리스바라는 오른쪽 반은 백색으로 시바를 상징하고, 왼쪽 반은 황금색으로 샥티를 상징하는 자웅동체의 모습을 하고 있다. 이 신은 다섯 개의 얼굴과 세 개의 눈에, 삼지창 · 도끼 · 칼 · 바즈라 · 불 · 아난타 뱀 · 종, 끝이 뾰족한 막대기 · 올가미를 들고 있고, 공포를 없애 주는 손 모양을 취하고 있다. 에너지는 사키니Sākini로 빛나는 백색에, 다섯 개의 얼굴, 세 개의 눈, 네 개의 팔에는 올가미, 끝이 뾰족한 막대기, 활과 화살을 들고 있다. 이 챠크라는 공空(에테르, 아카사Ākāśa)의 요소와 관계하고 청각과 관련된 음의 원리를 통제한다. 동물은 띠를 두르지 않은 백색의 아이라바타Airāvata, 코끼리로 여섯 개의 코를 가진 공상동물로 베다의 신인 인드라Indra를 태우고 다닌다. 생명의 숨은 우다나Udāna이다.

6] 아즈냐(〈지배〉를 뜻한다) 챠크라는 양눈썹 사이에 있고, 명상을 통해 얻을 수 있는 다양한 단계의 집중상태를 통제하고 개인의 개성 전체를 지배한다. 두 장의 백색 연꽃잎에는 ha · kṣa 두 개의 글자가 들어 있다. 중앙에는 백색의 역삼각형이 그려져 있고, 이타라—링가Itara—Liṅga와 종자 만트라 옴Oṃ이 그 안에 있다. 주재신은 사하스라라에 있는 것과 같은 파라마시바Paramaśiva인데, 불가분리의 시바—샥티를 상징하는 빈두의 형태로 챠크라 안에 묘사되어 있다. 시바—샥티는 스스로를 명징하게 드러내는 의식인 우주적인 합일로 모든 것에 충만해 있으며, 모든 것을 초월하고, 모든 것과 통일을 이루는 것이다. 그의 에너지는 하키니Hākini 또는 시다칼리Siddhakāli라고 하는데, 백색으로 여섯 개의 얼굴에 세 개의 눈, 여섯 개의 팔에는 책 · 해골 · 북 · 염주를 들고, 은혜를 베푸는 바라 무드라와 두려

움을 없애 주는 아바야 무드라를 취하고, 흰색 연꽃에 앉아 있다. 이 챠크라는 정신의 다양한 인식능력과 관계하고 있다. 마음 속에 그려지는 이미지, 또 추상적인 개념 모두 이 단계에서 경험되어진다. 이곳에서 최초로 분리되어 있지도 않고, 분리할 수도 없는 존재가 창조를 위하여 두 개로 분리되어 나타난다.

반면에 물라다라 챠크라에서 스쉼나 회로를 사이에 두고 분리되었던 이다 나디와 핑갈라 나디는, 아즈냐 챠크라에서 스쉼나와 만나고 그런 후 다시 분리되어 왼쪽 그리고 오른쪽 콧구멍으로 갈라져 나간다.

7] 사하스라라(〈천千〉을 의미한다) 챠크라는 정수리에 손가락 네 개의 폭 정도로 위치하고 있는 〈1천 개의 꽃잎을 가진 연꽃〉이다. 또 브라흐마-란드라Brahma—Randhra라고도 불려지는데, 군달리니 샥티와 시바가 만나는 곳이다. 꽃잎들에는 각행마다 50개씩, 산스크리트 알파벳 전부가 표현하는 모든 음의 잠재성을 적어 놓고 있다. 이 챠크라는 모든 색채를 일시에 발하며, 모든 감각과 기능을 포괄하고, 그 힘으로 모든 것에 충만하게 스며든다. 형상은 상승하는 질서의 다양한 단계를 초월하는 원으로 궁극적으로는 초우주적인, 상우주적인 초월한 공의 상태인 마하빈두Mahābindu를 뜻한다. 거꾸로 선 연꽃은 미세신에 우주의 빛을 쏟아붓는 것을 상징한다. 사하스라라는 본질적인 의식의 중심으로 모든 양극단이 통합되는 것을 경험하며, 〈시간과 공간을 벗어남〉으로써 또 항상 변화하는 삼사라Saṃsāra(윤회)를 초월하는 경험 중에 역설적인 초월이 이루어지는 장소이다.

간다르바탄트라Gandharvatantra(제11장)에 따르면, 물라다라에서 아나하타 챠크라로 상승하는 군달리니는 용융된 금과 같이 빛나고 불의 군달리니라 한다. 아나하타에서 비슈다로 상승할 때는 백만 개의 태양과 같이 밝게 빛나고 이른바 태양의 군달리니라 하며, 비슈다 중심에서 스쉼나-나디Sushumnā—Nāḍi의 끝으로 상승할 때는 백만 개의 달과 같이 휘황하여 달의 군달리니라 한다. 스쉼나를 초월해서는 군달리니는 초의식적으로 되며 모든 형식의 음과 빛을 포용한다.

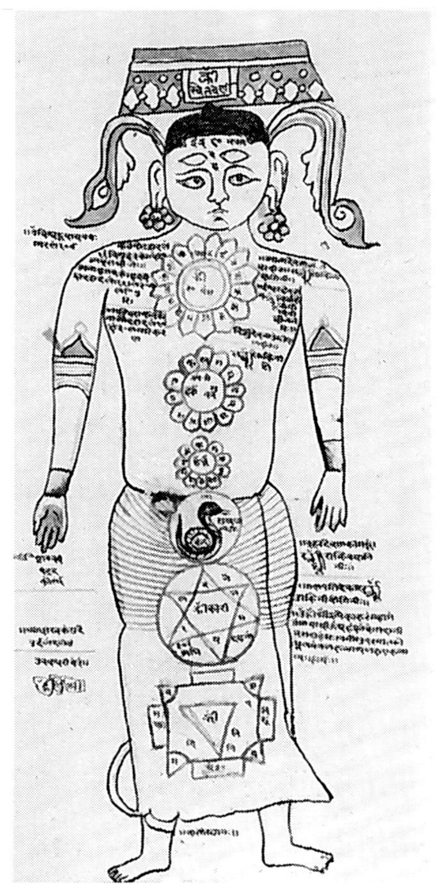

● 챠크라도, 라쟈스탄 지방, 1900년, 종이에 잉크.

● 위로 뾰족한 삼각형은 남성 원리를 상징하고, 아래로 뾰족한 것은 여성 원리를 상징한다. 그리고 이 둘의 합일은 근원점인 빈두가 중앙에 있는 원으로 상징된다.

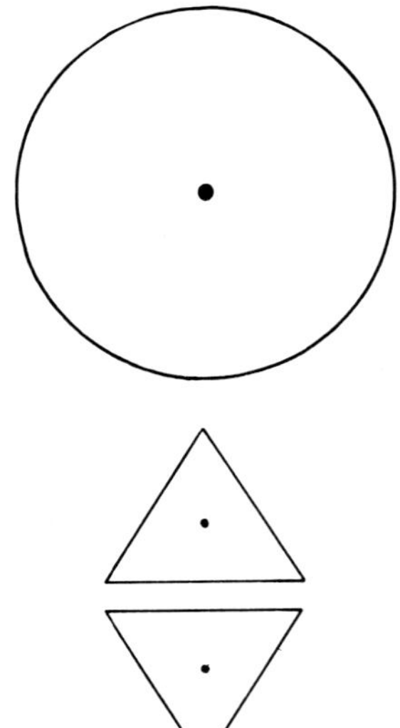

　　그러나 본질적인 것은 챠크라 상징들의 복잡함에 있지 않고 미세신 안에서의 이것들의 기능, 즉 쿤달리니가 정수리를 향해 스쉼나 기도를 통해 상승하면서 각 챠크라들을 자극할 때 이들이 하는 역할에 있다.

　　챠크라는 정신의 원리를 상징적으로 표현한 것이다. 상징은 사물을 숙쉬마Sūksma의 눈으로, 또는 미세한 측면에서 바라보게 한다. 그것은 마치 챠크라를 통해서 정신을 시간과 공간을 초월하는 4차원의 관점에서 이해하도록 하는 것이다. 챠크라에는 많은 경우에 있어서 정신에 대한 직관이 담겨 있으며, 우주적인 관점에서 바라본 정신을 상징하고 있다.

　　C.G.융이 정의한 바에 따르면, 개별화 과정중에 정신은 네 가지 기능 즉 사고하는것, 느끼는 것, 인식하는 것, 직관하는 것 모두가 균형을 이룰 때 〈완전한〉 것이 된다고 한다. 챠크라의 체계에서는 지地·수水·화火·풍風·공空의 상승하는 각 요소의 순서대로 에너지 상태가 각기 틀려지는 것을 발견하게 된다. 다섯 개의 에너지 소용돌이 각각은 새로운 질을 의미하며, 또한 다른 에너지 소용돌이의 확장이며, 제한이다. 따라서 뿌리가 되는 물라다라는 땅의 요소와 관계하며, 이것의 질은 응집성과 비활동성이다. 이 단계에서는 안정된 상태를 유지할 수 있어 다른 단계로 변화하려거나, 또는 확대하려는 욕구를 경험하지 못한다. 뿐만 아니라 나무의 뿌리가 나무의 성장 가능성을 암시하듯이 땅의 챠크라도 인식의 확장 가능성을 나타낸다. 마찬가지로 두번째 챠크라 스바디스타나도 상응하는 요소, 물의 본성을 지니고 있는데, 아래로 흐르려는 경향의 에너지를 뜻한다. 세번째 챠크라 마니푸라는 불의 요소와 관계하며 불꽃처럼 위로 향하고 소모성의 운동을 한다. 네번째 챠크라 아나하타는 풍風과 관계 있는데 다른 방향으로 회전하려는 경향을 지닌 점, 또 그것 자체가 별개의 가능성과 상관하고 있다는 점이 특징이다. 여기서 말하는 공기 풍風은 〈생명의 숨〉이 아니고, 대기·공간의 광대함, 음의 전달자를 말한다. 챠크라라는 이름에는 그것에서부터 신비스런 우주의 진동이 퍼져 나온다는 것을 함축하고 있다. 예를 들어 느낄 수 없는(아나하타Anāhata) 소리란, 감각의 영역을 넘어서는 소리를(챠크라에서 이러한 진동을 일으킨다는 것을) 의미한다. 다섯번째 챠크라 비슈다는 에테르

공과 관계하며, 모든 요소들이 그 안에 혼합되어 있는 그릇과 같다.

각단계로 상승 또는 하강하는 과정이 단선적으로—말하자면 위로 또는 아래로 한 방향으로만 진행되는 것은 아니며, 모든 단계에서 들어옴과 씰어나감이 변증법적으로 작용해 진행되는 것이다. 군달리니 에너지는 직선으로 거리낌 없이 행진해 가지는 않는다. 감긴 또아리를 순차적으로 풀어가는 각단계마다 서로 다른 에너지의 매듭을 풀어야 하며, 이러한 각단계에서의 풀어짐이 연속되어지므로써 변형이 가능해진다.

탄트라 교리에 따르면(융이 지적했듯이)[6] 심장 근처의 네번째 챠크라 아나하타에서 최초로 푸루샤Purusha가 나타난다고 한다. 푸루샤는 인간의 본질인 최고자이다. 감각과 개념을 이해하는 과정중에 푸루샤는 드러난다. 이는 〈자아〉라고 할 수 없는 육신으로 존재하는 인간 안에 또 하나의 존재가 있음을 암시하는 것이며, 육적인 존재가 속해 있는 자아보다 더 위대하고 더 중요한 그러나 순수하게 정신적인 존재를 말한다.

관례적으로 아나하타 챠크라 안에 있는 육각별 모양으로 겹쳐져 있는 두 개의 삼각형은 남성 원리(위가 뾰족한 삼각형)와 여성 원리(아래가 뾰족한 삼각형)가 합일된 것을 상징하며, 그래서 우주적인·보편적인 가치를 나타낸다.

아나하타에서 다섯번째 챠크라 비슈다로 건너갈 때, 모든 정신적인 〈사실〉들이 물질적인 사실들과 아무런 관계가 없다는 것을 수행자는 이해해야만 한다. 수행자가 이 상태에 이르면 아나하타를 떠나기 시작하는데, 왜냐하면 〈물질적이고 외부적인 사실과 내부적인 또는 정신적인 사실들의 결합〉을 해체시키는 데 성공했기 때문이다.[7] 비슈다와 관계하고 있는 요소 에테르는 〈다섯 개의 다른 것들보다 상위〉에 있으며, 그것들을 초월한다.

여섯번째 챠크라인 아즈냐의 내부 삼각형 안에 있는 음절 옴Oṃ은, 모든 사물의 시작과 끝으로서의 근본을 상징하는 것과 연관되어 있는 것을 명백히 나타내고 있다. 옴은 모든 사물이 기원하는, 또 우주의 순환이 끝났을 때 필연적으로 재통합되는 음의 진동과 같은 양을 가진다.

에너지 소용돌이와 관계하고 있는 요소들과 다른 상징들은, 인간의 개성에 작용하는 양극과 음극을 언급한 것으로 이해해야 한다. 군달리니가 각 단계의 정신센터를 통해 상승할 때, 초심자는 시각적인 경험들이 소리와 빛과 색깔들과 감흥하면서 상호 작용하는 것을 경험하게 된다. 미간 중심에 있는 여섯번째의 챠크라에 이른 단계에서는, 개성의 변증법적인 기능은 에너지를 조화시킬 수 있는 지배력을 지닌 힘에 의해 통제된다. 개별화 과정에서 융이 언급했던 환자들이, 테라피스트(치료전문가)의 도움으로 그들의 개성에 상호 작용했던 극단적인 한계들을 초월하는 것처럼 군달리니─요가를 수행하는 데 있어서도 초심자들은 스승 구루의 지도하에 오랜 도제 기간을 거쳐 하부 챠크라들의 변증법적인 작용과정의 균형을 이루는 법을 배운다. 융의 환자들의 경우 일단 균형을 잡게 되면 정신적인 개별화는 전혀 새로운 인식을 얻게 해준다. 마찬가지로 숙련자는 아즈냐 챠크라 단계에서 모든 기능이 평형을 이루었을 때 전혀 새로운 경험을 하게 되는 것이다.

일곱번째의 마지막 챠크라 사하스라라는 요소·색깔 또는 음과 어떤 관계도 없다. 사하스라라는 천 개의 꽃잎을 가진 하나의 연꽃으로 이것과 연관되는 어떤 특정한 상징도 없다. 백색·옴·음절 아즈냐 챠크라의 우주의식 요소는, 그것이 절대자인 브라만이기 때문에 스스로를 초월하는 그 어떤 것도 될 수 없다. 따라서 사하스라라에 도달한다는 것은 〈그것 안에 해방이 상징적으로 자리잡고 있는 브라만의 세계〉를 얻는 것이다. 그러므로 이 챠크라가 정수리에 있는 것은 다른 여섯 개의 챠크라와는 구별되는 것임을 강조하기 위해서라고 말하는 것이다. 실제로 이를 가장 적절하게 표현한 도상에는 거꾸로 된 연꽃에서 마치 오로라처럼 미세신 전체를 휘감는 빛을 내는 것으로 묘사하고 있다.

사하스라라에서 그녀의 여행을 끝마치고 난 후,『번개와 같이 찬란하고 세 가지 구나Guṇa 필연적인 성품으로 구성되어 있는 군달리니 샥티는 빈두[초월의 중심점]의 형태를 하고, 지고의 기쁨과 신성한 생명수 한가운데에 앉아 백만 개의 태양과 달의 광휘를 내는 시바의 은밀하고도 빛나는 거처를 꿰뚫어 지나간 후에 그녀의 휴식처인 물라다라로 회귀한다.』(《사라다틸라카 Sāradātilaka》제67권)

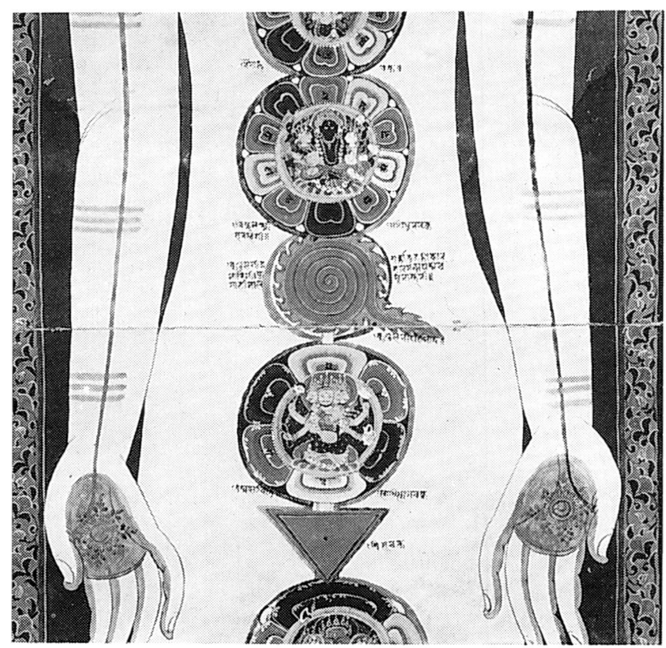

● 우주 여행이 완성되었다. 네팔, 1860년경, 종이에 안료.
발에서부터(아래) 시작하여 군달리니가 상승하고 물라다라
에서 마니푸라 챠크라까지(왼편 아래) 통과하여, 아나하타
에서 아즈냐 챠크라(왼편 위)에 이르기까지 각각에는 관련
된 상징이 있다. 채색 사본에서 인용한 세부, 네팔, 1760년경,
종이에 안료.

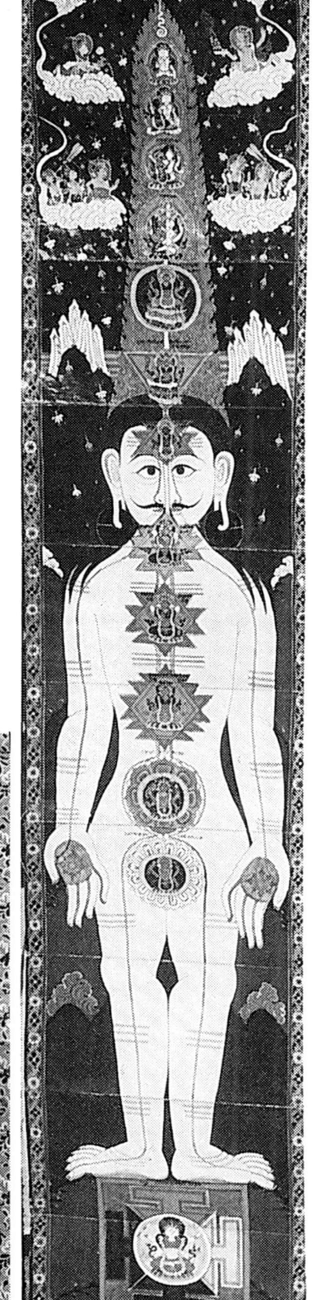

● 옴Oṃ, 근원적인 음의 에너지로 궁극적인 빈두에서부터 발산되어 나온다. 라쟈스탄 지방, 1900년, 종이에 잉크와 수채.

● 푸루샤, 우주적 인간, 라쟈스탄 지방, 1700년경, 헝겊에 안료.

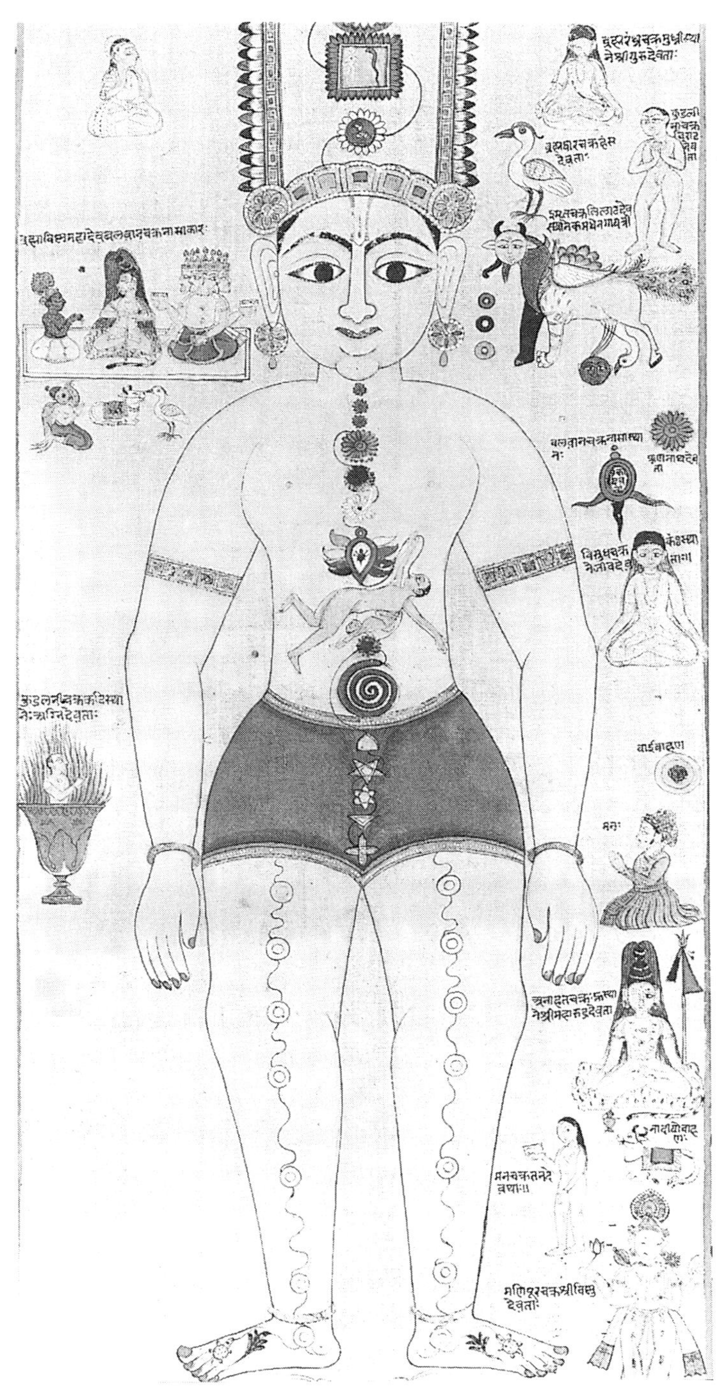

　　수행자가 각각의 챠크라에 얼마 동안 머물러 있는가는 그의 집착과 업보적인 행위에 달려 있다. 기부 챠크라인 물라다라, 네번째 챠크라인 아나하타, 또 다섯번째 챠크라인 아즈냐 등은 군달리니가 상승하는데 가장 큰 장해가 된다. 이 세 개의 챠크라는 브라흐마 그란티스(속박), 비쉬누 그란티스, 또 루드라 그란티스와 관계하고 있으며, 또한 링가라고 하는 정신적 장애와도 연관되어 있다. (각각을 스바얌부Svayaṁbhu 링가 · 바나Bāṇa 링가 · 이타라Itara 링가라 한다.) 산스크리트 단어 링감Liṅgaṃ은 리Li의 해체하다와 감Gaṃ의 나가다 두 개의 어근에서 비롯되어 〈해체와 진화의 재개〉라는 의미를 담고 있다. 브라흐마의 혼돈을 가라앉혀 밝게 한다는 것은 전체성 안에 정립되는 것을 의미하며, 비쉬누의 혼돈을 맑게 한다는 것은 우주적인 생명의 원리가 존재함을 인식하는 것이고, 루드라의 혼돈을 맑게 함은 이원성이 해소되는 상태, 무한한 기쁨인 일자一者를 깨닫는 상태에 이르는 것이다.

　　챠크라에 나타나는 동물의 형상을 융이 분석한 바에 따르면,[8] 뿌리를 지탱해 주는 센터인 물라다라 챠크라의 흑색 코끼리는 인간의 의식을 기둥처럼 떠받치고 있는 무한에 가까운 충동, 의식의 세계를 구축하도록 강제하는 힘과 같은 것으로 해석하고 있다. 물라다라의 요소가 땅이기 때문에 이 시점에서의 힘이란 지구를 떠받치는 힘을 말한다.

　　더 나아가서 융은 군달리니가 스바디스타나 챠크라에 도착하여 마카라Makara, 또는 리비아탄Leviathan과 만난다고 말한다. 코끼리가 땅의 요소를 나타내듯이 리비아탄은 물의 요소를 가리킨다. 『이 물의 괴물은 의식으로 몰입하게 하는 힘, 또 의식의 세계에 머무르게 하는 힘이다.』 스바디스타나 안에서 이것이 주는 공포는 중압감과 광대함에서 생겨난다. 이 괴물은 전진을 방해하며, 그래서 반드시 없애야 한다. 『의식의 세계에서의 가장 큰 은총은 무의식의 세계에서는 가장 악랄한 저주이다. ……그래서 마카라Makara 괴물은 우리를 잡아먹는 용이 되어 버리는 것이다.』

　　스바디스타나에서 마니푸라로 상승하면, 즉 마카라에서 숫양으로 동물의 상징이 바뀌게 되면 우리는 동물의 에너지가 불의 신인 아그니Agni의 신성한 동물로 변하는 것을 알게 된다. 〈숫양 즉 백양궁은 화성좌이며, 열정·충동·격정·열망 등으로 끓어오르는 혹성이다. 숫양은 신에게 바쳐져야 하는 동물로 황소와는 달리 커다란 희생을 의미하진 않는다.『말하자면 열정을 잠재워 희생시키는 것은 그렇게 값비싼 대가를 치르는 행위는 아니라는 것이다. 우리에게 반하는 이 작고 검은 동물은, 이전 단계의 챠크라에 깊숙이 있는 리비아탄과 다른 것이라서 위험 부담도 훨씬 덜 안겨준다.』열정에 대해 무관심해진다는 것은, 그것이 방기되었을 때 이를 의식하는 것보다 훨씬 해가 된다.

마니푸라에서 아나하타로 자리를 옮겨갈 때 역시 희생犧牲인 영양을 향해 숫양을 뒤에 두고 떠나지만 두 동물간에 차이가 있다. 영양은 아름답고 야성적이며 길들여지지 않은 동물이다. 이 동물은 수줍음을 많이 타고 발이 빨라 좀처럼 붙들기 어렵다. 영양에는 새와 같은 특성이 있다. 그는 공기와 같이 가볍고 〈중력에 구애받지 않으며〉, 〈물질세계 : 사고와 감각의 가벼움〉을 상징한다. 정신세계 역시 너무나도 손에 잡히지 않는 것 중의 하나이다.

융은 마니푸라에서 아나하타로 〈건너가는〉 과정이 어렵다고 하는데, 그 어떤 〈인식〉이 개입되기 때문이라고 한다. 즉『정신은 스스로 활동하며 자아가 아닌 순수한 어떤 것으로 이해하기도, 또한 수긍하기도 몹시 어렵다는 인식이 생겨나는 것이다. 또 이는 지금까지 자아라고 불러왔던 의식이 더이상 의미가 없어지게 되기 때문이다.』이제는 더이상 내가 내 집의 주인이 아닌 것이다. 융도 인정했듯이 탄트라 요가에서는 정신에서 근원한 인자를 깨닫는 것을 우주적인 인간인 푸루샤를 최초로 인식하는 것으로 설명하고 있다.

비슈다 챠크라에서 코끼리가 다시 등장하는데, 이번에는 인드라 신을 태우고 다니는 백색의 아이라바타Airāvata로 나타난다. 융의 해석에 따르면, 백색 코끼리는 이제는 유전하는 심리세계를 지지하는 동물의 무한하고 신성한 힘을 상징한다고 한다. 이 백색 코끼리가 물라다라에 탄생을 가져다 주는 코끼리다. 그러나 또한 본질에도 변화가 생긴 것을 느끼게 된다. 검은

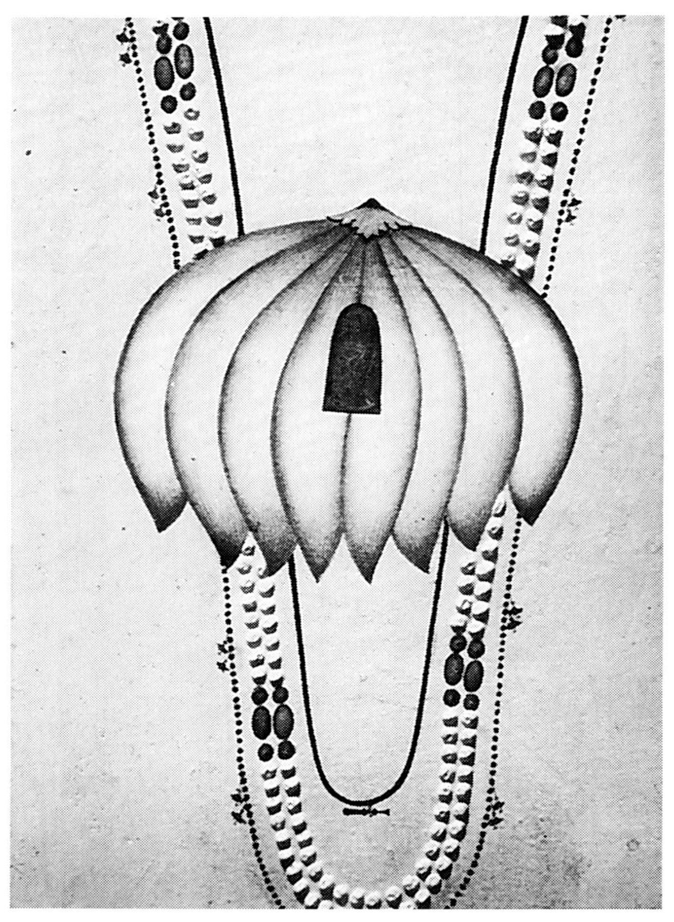

● 고개를 숙인 연꽃은 군달리니가 정신 센터=챠크라를 통과하면서 생기게 되는 각 챠크라의 에너지의 해방을 상징한다. 심장에 있는 아나하타 챠크라 단계의 정신적 한계가 연꽃의 중앙에 있는 바나－링가에 상징적으로 묘사되어 있다. 라쟈스탄 지방, 18세기경, 종이에 안료.

비쉬누 그란티스, 혼돈을 현대적으로 상징하고 있다. 라쟈스탄 지방, 종이에 안료. ▼

● 마나스Manas(마음) 챠크라. 아즈냐 챠크라의 위에 위치해 있으며, 각 꽃잎에는 여러 가지 정신적 기능들이 설명되어 있다. 데칸 지방, 18세기경, 종이에 안료.

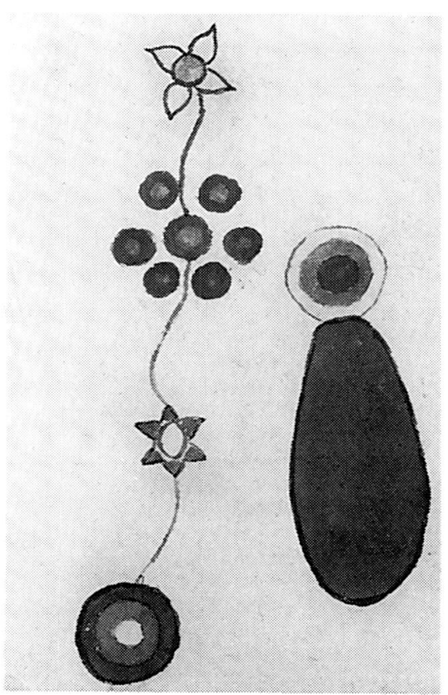

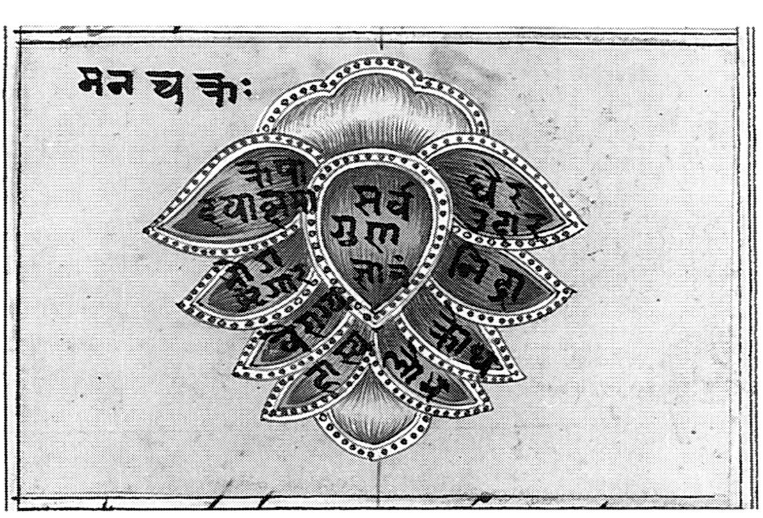

●시바와 샥티의 합일이 명상을 위한 만다라 형식으로 표현되어 있다. 네팔, 18세기경, 종이에 안료.

●라타—사다나, 탄트라식 교합 요가좌법. 카쥬라호, 마디야 프라데쉬, 12세기경.

것이 흰 것이며, 이제는 땅이 에테르가 된 것이다.

아즈냐 챠크라에서는 동물 상징이 사라지고 링가 상징이 나타난다. 챠크라의 화관은 그 자체가 시과翅果처럼 보인다. 자아(ego)가 사라졌기 때문에 『물질적인 것은 더이상 우리 안에 있는 내용물이 아니며, 우리가 바로 물질의 내용물이 된다.』어두운 흙 속에 묻혀 있는 것이 아니라 링가Linga는 〈백색의 광휘를 한껏 발하는 충만한 의식〉인 것이다.

아즈냐에서는 목적으로서의 신과는 명백하게 구별되는 자아를 아직까지는 경험하게 된다. 그러나 사하스라라 챠크라에서는 이러한 구별이 사라진다. 『그래서 다음과 같은 결론에 도달하게 된다. 어떠한 목적도 어떠한 신도 없고 오직 브라만만이 있다. 브라만은 일자一者이기 때문에 경험도 있을 수 없고, 제2의 것도 없다.』

하리다스 차우두리Haridas Chaudhuri는 에너지 센터들의 통합된 기능에 대해 다음과 같이 설명하고 있다. 『물라다라는 요가 수행자들이 진화해 가는 지구에너지의 자식으로서 자신을 그려보는 과정을 강화하는 중요한 지식을 일깨워 주는 역할을 한다. 반면에 리비도 센터인 스바디스타나는 본능적인 충동을 적당하지 않은 방법으로 억제한다거나, 또는 금욕적으로 무화시키는 것을 방지한다. 본능적인 충동의 존재 이유를 밝혀내어 생명체라는 유기적인 체계내에서 합리적인 역할을 수행하게 하며, 그리고 적절한 시간에 눈에 보이지 않지만 명징한 정신적인 에너지(오자스Ojas)로 변형시킨다. 힘의 중심인 마니푸라 또한 세계 안에 진실과 사랑의 광휘를 빛나게 하는 의심의 여지가 없는 능력의 근원이 되는 주요한 지식을 쌓는 데 중추적인 역할을 한다. 아나하타 센터에서는 사랑으로 존재의 기쁨이 헌신의 기쁨으로, 자아의 존재에 깃들어 있는 즐거움이 자아의 드러냄을 공감하는 즐거움으로 변하게 된다. 지식으로 밝게 빛나고 사랑으로 영감을 받는 인후에 있는 비슈다 센터는 음송되는 단어를 사물이 그렇게 존재하고 있는 바, 즉 사물의 고유하고 분명한 특징이라는 측면에서 이해한 진실과 통교하는 효과적인 도구로 쓰고 있다. 지혜의 중심 아즈냐는 우주의식으로 빛나고 있으며 합일된 존재 전체로서 우주를 드러낸다. 그러나 통일된 전체를 이룬다

할지라도 우주의 테마에 따라 다양한 색의 변조가 무한하게 펼쳐지는 것을 방해하지 않는다. 이는 점광원 같은 직관에도 무한한 다의성이, 또 지금이라는 한 영속점에도 무한한 시간의 흐름이 내재해 있음을 뜻한다. 모든 하급의 센터들과 완전한 일치를 이루도록 기능하는 정수리의 사하스라라 센터는 영원하며, 무한한 심연 같은 자아를 분명하게 성찰하도록 한다. 그러나 이러한 전체적인 시각은 초월적인 성찰이 심신과 분리된 파편적인 것이라든가, 또 우주의 또 다른 모습이라는 해석의 여지를 허락하지 않는다.』[9]

탄트라 상징체계에서는, 삼매경三昧境이란 시바와 샥티가 합일된 상태를 말한다. 이러한 완전한 일치가 끝이 없다는 것이 사실이라면 이는 이 상태에 이른 행자가 회귀하지 않을 것이며, 즉〈살아 있으면서 해방을 얻는〉지반―묵타Jivan―Mukta 생해탈生解脫의 자유로운 상태로부터 회귀하지 않는 것을 뜻한다.

IV

에너지의 변형

자아를 깨달아 가는 과정중에 도달하게 되는 최종 목표는, 군달리니의 상승이라고도 할 수 있는 샥티라는 여성 힘의 소우주적인 형태를 인식하는 것이다. 탄트라 수행자들은 샥티의 힘을 우주의식과 동일시하는데, 그녀로부터 여성 원리와 남성 원리의 이원성이 생겨나기 때문이다.

이를 깨닫기 위해 탄트라—아사나Tantra—Āsanas 수행법(요가 자세를 취한 남녀의 교합 자세)이 명상 수행법의 형식과 똑같이 정신적이면서 육체적인 행법으로 개발되어 왔다. 탄트라에 따르면, 군달리니 샥티는 탄트라—요가—아사나를 수행해도 상승되어질 수 있다고 하는데, 다음과 같이 단언한다. 『사람은 자신을 넘어뜨리는 상대를 이용하여 일어서지 않으면 안 된다.』 우주적인 차원에서의 양극의 융합은 생물학적인 차원에서의 아사나, 남녀의 교합을 통한 양성의 합일이다. —여기서는 일반적으로 잘못 인식되고 있는 남녀의 성적관계를 의미하는 것이 아니다.

세대를 거듭하면서 성은 점차로 창조, 또는 육체적인 쾌락과 더 많은 관계를 맺게 되었다. 그러나 탄트라 수행자들은 성에너지의 무한한 가능성을 인식하고 탄트라—아사나를 통하여 성에너지를 변형시켜 우주적인 인식의 단계에까지 이르도록 자유롭게 만든다. 성을 자체로서 신성한 것으로, 또 여러 상태의 심신에 엄청난 힘으로 작용하여 마침내는 더 높은 우주적인 단계와 반응해 나가는 생명에너지의 근원으로 이해하고 있는 것이다.

탄트라에는 남자와 여자의 육체적인 합일을 시바—샥티의 창조적인 합일로 승화시키는 훈련법이 기술되어 있다. 군달리니를 일깨우기 위해 행하는 중요한 탄트라 수행법에는 닥쉬나—마르가Dakshiṇa Mārga 〈우도右道적인〉 과정과 바마—마르가Vāma Mārga 〈좌도左道적인〉 과정이 있다. 좌도적인 과정을 밟는 수행자는 판차-마카라Pañcha-Makāra, 오마사五摩事라는 의식을 치르게 되는데, 마디야Madya 주酒·망사Māṁsa 육肉·맛샤 Matsya 어魚·무드라Mudrā 곡물, 그리고 마이투나Maithuna 성교의례 등 다섯 가지 의례의 요소가 M으로 시작해서 다섯 가지 M의식이라고도 한다. 집단적인 성적 합일의례는 그룹을 지어 행해지는데, 챠크라-푸자 Chakra-Pūjā로 알려져 있다. 이러한 좌도적인 수행법의 기본원리는 정신의 상승이 충동이나 욕망을 피하거나 꺼린다고 얻어질 수 있는 것이 아니라, 우리를 쓰러뜨리려는 하나하나의 요소들을 해탈에 이르는 수단으로 변형시켜야 가능하다는 것이다.

군달리니-요가에서 군달리니 샥티의 동적인 흐름은 보통의 경우에는 아래로 향하게 되어 있어 이를 위로 향하게 하여 마침내는 시바, 우주의식과 합일되게 역전되어야 한다. 이러한 목표에 이르게 되기까지 신체의 생리적인 기능들 또한 점진적인 변형의 과정을 거치게 된다.

탄트라-아사나 의식[10]은 반대편 성의 파트너와 함께 행해진다. 상대편 여성은 우주의 역동적인 여성에너지인 샥티가 반영되어 있다고 본다. 이 〈신적인 여인〉은 영원한 여성의 본성 전체가 축약되어 있는 것이다. 의식을 시작하기 전에 스승(구루)의 도움을 받아 환경을 선택하고 길한 시기와 시간을 결정한다. 바이라비Bhairavi(여성 구루)로부터 입회의례를 받는 것이 이상적이다. 탄트라 수행자들은 은밀한 장소, 방해받지 않고 오염되지 않은 분위기에서 의식이 행해져야 한다고 강조한다. 니아사Nyāsa와 부타-수디 Bhūta-Śudhi(육신과 요소의 정화) 같은 의례와 함께 하는 목욕을 한다거나 옷을 입는 행위, 숭배를 위해 앉아 있는 것, 꽃이나 다른 의례물을 바치는 행위 등 이 모든 것이 적합한 분위기를 형성하기 위해 갖추어져야 한다. 바마차라Vāmāchāra 또는 좌도적인 수행법에서는 단도직입적으로 관계된 훈련법을 교육받게 되지만, 닥시나차라Dakshiṇāchāra 또는 우도적 수행법에서는 은유적으로 해석하여 받아들이고 있다.

판차-마카라Pañcha-Makāra 의례에서 나신의 여성은 더이상 살과 피로 된 육신으로 취급받는 것이 아니라, 우주의 기본적인 힘들이 체현된 샥

● 좌도 탄트라 수행자들이 챠크라―푸자를 행하기 위해 쓰였던 64명의 요가 수행자 사원, 라니푸르―쟈리알, 오리사 지방, 11세기경.

64명의 요가 수행자 사원의 평면도. 원형의 내벽을 64개의 벽감으로 나누어 각기 다른 여성 요가 수행자상을 안치했다. 원의 중앙에는 사각형의 사당이 있는데 바이라바로서의 시바상이 들어 있다. 라니푸르―쟈리알, 오리사 지방, 11세기경.

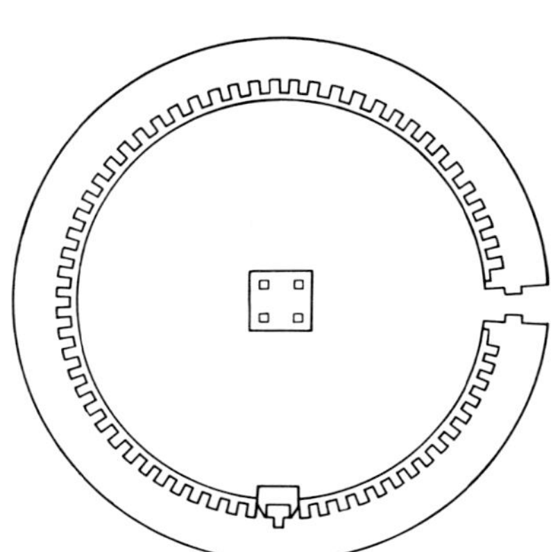

티 여신으로서 숭배받는다. 신성이 전이된다는 것은 실재 세계에서 분리된 그 어떤 것이 아니라 경험의 영역 안에 있는 것이다. 남성과 여성 모두 완전히 평정상태에서 연출해야 할 한 드라마의 주인공들이다. 이들의 상호 작용은 생각과 느낌의 상호 보완적인 교류이며, 여기에 추상의 여지는 없으며 오직 계속되는 실제적인 인간 조건에 대한 언급만이 있을 뿐이다. 따라서 여성이 신으로 실체가 변화하는 경험은 그것 이상으로 보이지 않고 느껴지지 않고 이해될 수 없는 실재의 특별한 드러남으로 해석되고 있다.

남성과 여성은 상대편 안에서 그들 자신들을 만나게 된다. 이러한 행위를 더 완벽하게 해내므로써 각자는 자신의 내부의 자아와 관계를 맺는 것이다. 여러 가지 의례 도중에 하는 서로를 〈응시〉하는 등의 연속적인 행위를 통해 교합 요가-아사나의 절정에 이르게 되면, 집단은 개인적인 자아 인식이 사라지고 공통의 목표를 받아들이는 일종의 익명상태에 빠지게 된다. 의례적인 투영과정을 통해 숙련된 수행자는 변증법적인 양원리를 상징하는 남성과 여성 모두가 원의 상징과 유사한 통일된 존재의식을 얻을 때까지 신성을 불어넣는다. 『소 함So 'ham : 나는 그이다.』 또는 『사 함Sā 'ham : 나는 그녀이다.』 왜냐하면 『나와 그대 사이에는 차이가 없다』는 이유 때문이다.[11]

성에너지는 하타-요가Haṭha-Yoga나 파드마사나Padmāsana · 시다사나Siddhāsana · 요니 아사나Yoni Āsana · 라티 아사나Rati Āsana 같은 수행과정을 통해 또 특별한 무드라, 이 중 가장 중요한 바즈롤리Vajroli · 사하졸리Sahajoli · 요니Yoni · 케차리Khechari · 아스바니Aśvani · 마하무드라Mahāmudrā 등을 통해서도 또한 제어된다. 반다Bandhas, 긴축을 통하는 방법, 즉 골반 부분을 응축시키는 방법을 사용하는 것 또한 가능한데 가장 효과적인 것으로 우디야나Uḍḍiyāna와 물라-반다Mūla-Bandha가 있다.

엘리아드Eliade는 다음과 같이 썼다. 『이것이 하타-요가 수행자들이 〈태양〉과 〈달〉을 통일시켰을 때 하는 행위이다. 이러한 역설적인 행위는 한꺼번에 몇 개의 단계에서 일어난다. 사하스라라의 시바와 샥티[=군달리니]의 합일을 통하여 요가 행자는 우주의 진행과정을 역전시키고, 모든 것

• 탄트라—아사나 의례에서 숭배하고 있는 여성의 나신. 더이상 육과 혈로 구성된 것으로 취급받지 않고, 우주의 근원적인 힘을 체현하고 있는 샥티 여신으로서 숭배받는다.

• 젊은 구도자 시비가 대마잎으로 독한 취음제,〈방bhāṅg〉을 만들고 있다. 캉그라 화파, 1850년경, 종이에 안료.

이 혼재되어 있는 태초의 전일상태로 회귀한다. 〈생리학적으로〉 프라나 Prāṇa와 아파나Apāna의 〈합일〉은 태양과 달의 결합체로 상징되는데, 즉 호흡의 〈통일〉, 간단히 말하면 호흡의 통제를 의미한다. 마지막으로 바즈롤리 무드라를 행하므로써 성적인 합일을 이루게 되고, 〈존재의 씨앗으로 회귀하는 것〉을 깨닫게 된다.』[12] 육신의 가장 풍요로운 피에서 양성의 생식요소가 만들어지며, 이 단계에서 무한한 힘 오자스Ojas가 육신 내부에서 생겨난다고 주장되고 있다. 이러한 기력이 일생 동안 저장되어 있기 때문에 소우주와 대우주가 합일되는 구조가 현상으로 나타날 수 있는 것이다.

비베카난다Vivekananda는 이렇게 쓰고 있다.『요가 수행자들은 인간의 신체 안에 있는 모든 에너지들 중에서 최고의 것을 〈오자스〉라고 한다. 그리고 이 오자스는 뇌에 저장되어 있는데, 더 많은 오자스가 인간의 머리에 들어 있을수록 더 강력하며 더 명석하며 정신적으로 더 강한 것이다.』[13] 미쉬라Mishra 박사에 따르면『혈액 속에 항상 흐르고 있는 내분비선의 분비물이 오자스 샥티Ojas Śakti를 형성하는 데 이용되고 있다』고 한다. 호르몬 성에너지의 본질을 오자스라고 부르며…… 오자스에는 두 가지가 있다. 심장에 공급되는 파라 오자스Parā Ojas와 혈관을 항상 돌면서 신체 전체에 영양을 공급하고 정신적인 또 육체적인 병을 치유하는 아파라 오자스 Aparā Ojas를 의미한다.[14]

아사나Asana는 정신의 힘을 생리적인 기관을 통해 자유롭게 흐르게 하여 정신과 신체를 제어하는 한 방법이다. 이는 조화를 추구하는 명상적인 방법이며, 고양된 상태로 이를 통해 새로운 실재가 전개되고, 낡은 이원성이 사라지는 새로운 하나의 인간이 존재하게 된다.『성聖과 속俗은 단일한 에너지의 양극이 된다.』라즈니쉬Rajneesh는 이렇게 말한다.『탄트라의 성적 합일은 전우주와 사랑을 나누는 것이고, 전우주에 절대적으로 복종하는 것이다.』복종하면서 우리는 여성적으로 되어 가며, 그런 후 여성적이며 심원한 우리의 정신은 해체하고 초월하며 ——일자一者를 흠뻑 경험하는—— 그리고는 무한한 에너지가 쏟아져 나온다. 탄트라의 관점에서 보면, 완성된 인간 존재란 남성과 여성이 하나의 생명체로 융합되는 것을 말한다. 근본적인 합일, 양성이 불가분의 관계에 있다는 것을 깨닫게 될 때 비로소 무한한 기쁨이며, 또 영원한 행복인 아난다Ānanda의 상태에 도달하게 된다. 이러한 환희의 상태는 해탈이라 할 수 있는 경험에 가장 가까운 근사치이다. 내적인 생명력은 군달리니 샥티를 일깨우는 신비스런 수행과정을 통해 모든 잠재된 능력까지를 한껏 꽃피우게 된다.

〈변형〉의 정신적인 재생을 얻은 사람은 더이상 욕망을 갖지 않는다. 상태나 힘을 나타내는 상징이 외부적인 도움의 전부이다. 이것들은 전체를 구성하는 각기 다른 부분들의 〈연결고리〉 이상은 아니며, 궁극적인 목표가 아무리 높다 할지라도 이에 도달하기 위해 필요한 모든 수단은 우리 내부에 있다. 『내가 필요로 하는 것은 외적인 여성일까? 내 안에 내적인 여성이 있다』고 탄트라에 씌어 있다. 군달리니가 상승하였을 때 〈내적인 여성〉은 수행자의 신체 중심에서 〈백만 개의 번개처럼〉 빛난다. 그러면 수행자는 그 자신이 반사되어지는 모든 빛처럼 밝게 빛나고 있다고 생각하게 된다. 그는 그의 내부에서 물결치고 있는 파도처럼 어른거리는 궁극적인 전체 세계를 경이로운 눈으로 바라보게 되는 것이다.[15]

이러한 소중한 경험으로 영적인 존재의 위대한 한순간을 느껴볼 수 있게 되는데, 내적이고 외적인 수행법 모두 필요하다. 왜냐하면 오래 전부터 이 두 가지 방법을 통해 요가 수행자들은 우리가 살고 있는 힘의 조직망을 새롭게 이해하는 지평을 열어 주는 진실을 보았기 때문이다.

때로는 원하는 목표를 달성하기 위해 환각제를 사용하는 방법도 간구된다. 이러한 방법과 관련해서 스와미 사티아난다Swami Satyananda는 다음과 같이 말하고 있다. 『요가에 따르면, 약초를 이용하여 깨달음을 얻는 네번째 방법이 있다. 이를 산스크리트 단어로 아우샤디Auśhadhi라 하지만, 약물과는 구별되어야 한다. 약초를 이용해 부분적인 또는 완전한 일깨움이 가능하다. 이다 또는 핑갈라를 일깨운다거나, 또는 스쉼나를 일깨우는 것은 완전하고 전체적인 일깨움을 의미한다. ……이러한 것을 아우샤디라 한다. 또한 인간 내부의 이러한 잠재력이나 생명력을 일깨우는 데 사용되어야 하는 약초는 오직 스승인 구루를 통해서만 알 수 있고 취할 수 있다. 왜

냐하면 어떤 약초는 이다를 일깨우는가 하면, 또 어떤 것은 핑갈라만을 일
깨우는 것이 있다. 또 이 둘 모두를 억제하는 것이 있는데, 만일 잘못해서
이런 약초를 먹었을 때는 재빨리 정신병원으로 달려가야 하기 때문이다. 그
래서 아우샤디 또는 약초를 이용해 깨달음에 이르는 방법은 매우 위험하고
신속하기는 하지만 믿을 만한 것은 못 된다. 오로지 이 방면에 매우 정통하
고, 또 과학을 잘 이해하고 있는 사람을 통해서만 취할 수 있다.[16]

프라닉Prāṇic 에너지로 차 있다고 여겨지는 물질의 기본적인 실험적 가
치는 매우 클지 모르겠지만, 아무 준비도 되어 있지 않은 상태에서 의식의
변형된 상태에 이르기 위해 이를 사용할 때는 많은 문제를 발생시킬 가능성
이 있다.

『약물로 유도된 상태의 경우—특히 처음에 나타나는 몇 가지 예들의 경
우—각단계로의 상승과정을 제어하기가 몹시 어렵게 된다. 이러한 상태에
서는 내부 공간의 동떨어진 어떤 지역으로 휘말려 들어가는 것을 느끼게 되
는데, 중간 지역에 안착한다거나 심지어는 이를 발견할 수 있는 기회도 거
의 갖지 못한다. 약물이 그의 인식을 대신하고 아주 생경한 의식의 영역으
로 그것을 내동댕이쳐 버린다. 사전에 충분한 준비를 하지 않으면 여행자는
완전히 다른 방향으로 들어선 것을 느낀다. ……마지막으로 약물을 사용해
서는 여행이 아주 제한된 시간내에 끝나 버린다. 그래서 항상 되돌아와야
하거나 사그라져 버리는 과정만을 밟게 된다.』[17]

최고의 경험은 남녀가 교합하는 동안, 또는 아이를 낳는 동안 깊은 감정
상의 공명과 상호 이해가 있을 때 생겨날 수 있다. 이러한 상황에서 사람은
개인의 한계를 초월할 수 있고, 군달리니의 찰나적인 상승에 기인하는 하나
됨의 느낌을 경험할 수 있다. 그렇지만『남녀의 교합과 출산이 최상의 상태
에서 행해지고, 또 우주적인 가치를 갖는다 하더라도 여기에는 어느 정도의
필연적인 모호함이 있다. 성교를 하는 동안 파트너는 우주적인 합일의 섬광
을 경험할 수 있으며, 개개로 분리되었다는 느낌을 초월할 수 있다. 동시에
이러한 성적인 합일로 새로운 개인에 대한 이해에 도달할 수 있으며, 그녀
또는 그는 우주의식으로부터 고립되는 역정에 들어서게 되어 개별화와 소

외가 깊어지는 방향으로 향하게 된다. 마찬가지로 아이를 낳는 동안 어머니는 우주적인 감각을 경험하게 되는 반면에 새로 태어나는 아이는 탄생의 고통과 분리의 괴로움을 대면하는 것이다. 이러한 과정에서 생겨나는 정서적이고 신체적인 상처는, 그 또는 그녀가 하나의 태아로서 경험했던 구별이 없는 우주의식으로부터 새로운 개인을 소외시키는 결정적인 인자가 된다.』[18]

반면에『명상가가 하게 되는 여정은 동일한 공간을 포괄하는 것처럼 보이지만, 그러나 훨씬 점진적이고 수월하게 명상가의 제어를 받는 여행이다. 왜냐하면 이 여행은 더 완만하고 보다 체계적일 필요가 있으며, 명상을 통해서 얻게 되는 지식과 일치되기가 수월해 보이기 때문이다. 사실 수 년 동안 이러한 종류의 융합은 명상가의 신경계의 변화 정도와, 그의 정신적인 발달 정도에 따라 거의 자동적으로 일어나는 것으로 보여졌다. 따라서 어떠한 화학약품도 개입되는 것이 아니며 ―사실 체계적인 명상으로 인식의 변화를 일으키는데 화학적인 수단을 간구하는 경향이 줄어들었다. ―그래서 일반적으로 명상을 더 순수한 여행을 하는 것이라고 생각한다.』[19]

다른 서방의 연구자가 약물을 사용하는 문제에 대해 쓴 것을 보면 다음과 같이 나와 있다.『만트라 명상을 수행하는 개인들은 일상생활 속에서 더욱 빈번하게 융합을 이루는 증거를 보여 준다. 단적인 예로 한 연구서에는 만트라 명상을 수행하는데, 약물을 이용한 거대 집단의 83%에 이르는 사람이 약물의 사용을 포기했다고 보고하고 있다.』[20]

●비쉬누의 발. 힌두 비교祕敎의 전통에 따르면 뒤꿈치와 엄지발가락에 미세 회로가 있는데, 척추의 나디만큼 중요하다고 한다. 이를 통해 근본 에너지가 육신으로 들어간다. 라쟈스탄 지방, 18세기경, 종이에 안료.

●사하스라라 챠크라, 군달리니―요가 필사본의 세부. 라쟈스탄 지방, 1800년경, 종이에 안료.

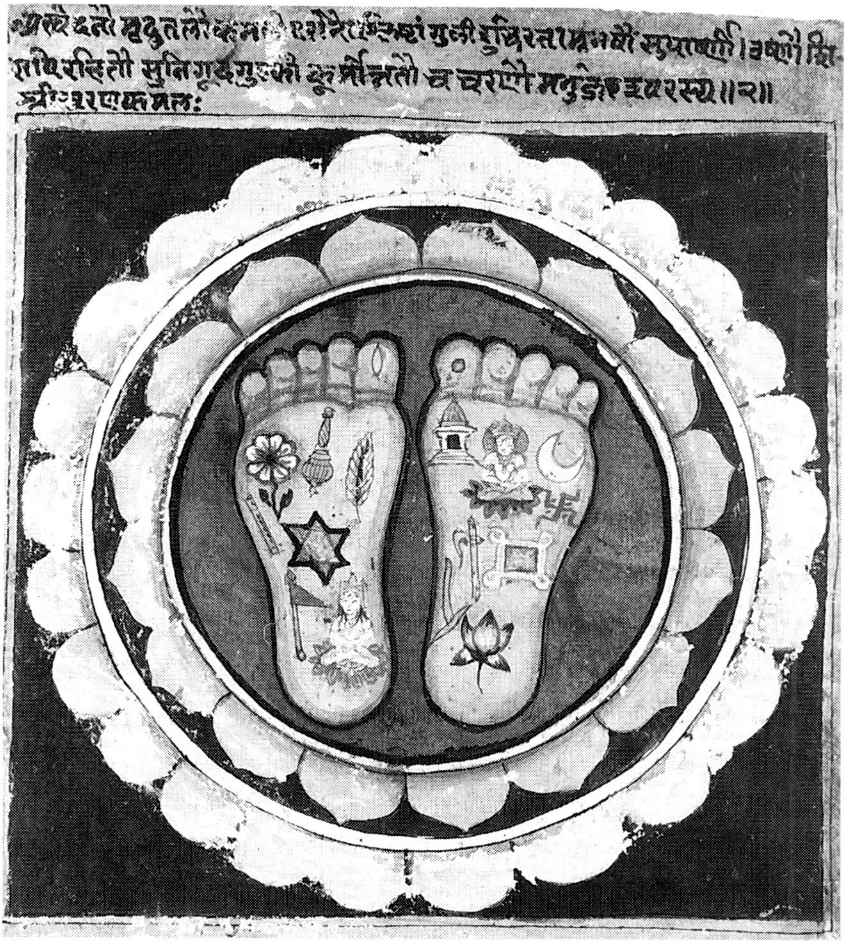

V

군달리니 경험의 유형과 의학 현상

챠크라를 관통하여 군달리니가 상승할 때 신체적으로, 또 정신적으로 어떤 표정이 나타난다. 요가 수행자들은 군달리니가 상승하기 전에 몸이 몹시 떨리며 스쉼나를 흐르는 열이 폭발하는 것 같다고 묘사한다. 군달리니가 상승하는 동안에는 내부에서 발생하는 소리가 들리는데 폭포 소리 같기도 하고, 벌들이 윙윙대는 소리·종 소리·플루트 소리·장식이 딸랑거리는 소리 등등을 듣게 된다. 머리는 어지럼증을 느낄 수도 있으며 입 안에는 타액이 가득찬다. 그러나 요가 수행자는 가장 내부에서 울려오는 가장 미세한 〈감지할 수 없는〉 소리(아나하타 나드Anāhata Nād)를 들을 때까지 수행을 멈추지 않는다. 그의 감겨진 눈에는 다양한 형상으로 시각화된 개념이 펼쳐지는데, 점상의 빛·불꽃·기하학적인 도형 등의 형상으로 마지막 단계에 이르면 이러한 환영은 내부에서 방사하는 엄청나게 밝고 순수한 빛 속으로 해체되어 간다.

디안요기 마두수단다스Dhyanyogi Madhusudandas는 전통적인 군달리니 요가 수행법을 추종하는 현대의 구루로, 수행자들이 경험할 수 있는 표징과 증상을 다음과 같이 열거하고 있다. 척추에서 느껴지는 스멀거리는 감각, 몸 전체에서 느껴지는 욱신거리는 감각, 머리가 무거워지거나 또는 때때로 어지러워지는 기분, 저절로 또 의도하지 않았는데도 나오는 웃음 또는 울음, 낯선 소음이 들리는 증상, 신이나 성인의 환상을 보는 것 등이다. 천상에서 지옥에 이르기까지 모든 종류의 꿈 같은 장면이 나타나기도 한다. 신체에 나타나는 증후로, 복벽이 홀쭉해지기도 하며 척추 쪽으로 휘게 된다. 설사 또는 변비가 생길 수도 있다. 항문은 수축하고 내장 속으로 더 깊이 함몰된다. 턱이 목을 누르게 되는 경우도 생기며, 눈동자가 위로 구르거나 또는 회전한다. 몸은 앞으로 또는 뒤로 구부러질 수도 있고, 심지어는 바닥에 구르기도 한다. 호흡은 매우 제한되고, 때로는 숨을 쉬지 않는 것처럼 보이나 사실은 그렇지 않고 아주 약하게 쉬고 있는 것이다. 마음은 공허로 가득차게 되고, 신체내를 들여다보는 목격자가 되는 경험을 하게 된다. 두뇌 또는 척추에 흐르고 있는 프라나를 느끼게 되는 경우도 있다. 때로는 만트라나 송가를 저절로 부르거나 단순히 입으로 소음을 내는 경우도 있다. 스스로는 눈을 뜨려고 애씀에도 불구하고 눈이 떠지지 않을 수도 있다. 신체는 사방으로 회전하거나 꼬이는 수도 있으며, 때로는 결가부좌를 한 채로 튀어올랐다 내렸다 하거나 뱀처럼 바닥을 기어 돌아다니기도 한다. 때로는 아사나(요가 자세)를 취하기도 하는데, 익숙한 자세뿐만 아니라 낯선 것도 있다. 때로는 손을 고전적이고 형식적인 무용 자세에 맞게 움직이기도 하는데, 명상에 빠진 사람이 무용에 대해 아무것도 몰라도 이런 일이 생긴다. 어떤 사람은 혀로 말한다. 때로는 몸이 위로 뜨는 것처럼 느껴지기도 하지만, 때로는 땅 속으로 함몰되어 가는 것처럼 느껴진다. 거대해지는 것 같기도 하고, 반면에 한 점으로 축소되는 것처럼 느끼기도 한다. 흔들리기도 하고 떨리기도 하며, 절름발이가 되기도 하고, 돌처럼 빳빳해지기도 한다. 때로는 눈썹을 찌푸리고 눈을 감은 채로 얼굴에는 빽빽하게 주름이 잡힌다. 어떤 사람은 식욕이 더 왕성해지고, 어떤 사람은 음식을 싫어하게 된다. 심지어는 명상이 아닌 다른 행위를 하고 있는데도 마음에 집중하고 있는 수행자는 온몸 전체로 프라나-샥티의 움직임을, 또는 미세한 떨림을 체험하게 된다. 신체에 통증이 생길 수도 있으며 체온이 상승하거나 떨어질 수도 있다. 어떤 사람은 혼수상태에 빠지고 일하기를 꺼려하게 된다. 때로는 명상하면서 고동을 부는 소리·새 소리·벨이 울리는 소리 같은 윙윙거리는 음을 듣기도 한다. 명상하는 중에 마음 속에 물음들이 떠오르고, 또한 저절로 답을 찾기도 한다. 때로는 혀가 입천장에 달라붙거나 목구멍으로 감겨 들어가나 하며, 또는 입 밖으로 내밀기도 한다. 타액 분비가 증가되거나 감소한다. 목구멍이 마르거나 탄다. 턱은 단단하게 다물어지기도 하지만 시간이 지나면 다시 벌어진다. 명상하는 자세로 앉아서 하품을 시작하기도 한다. 머리가 몸에서 분리되는 듯한 느낌이 생길 수도 있으며, 〈머리가 없는〉 것을 경험할 수도 있다. 때로는 눈을 감았는데도 주변의 물건들을 볼 수도 있다. 여러 가지 형식의 직관적인 지식활동이 시작될 수도 있다. 자기 자신의 모습을 볼 수도 있다. 어떤 사람은 죽어서 누워 있는 자신의 육신을 보기도 한다. 이 모든 표징으로부터 군달리니 샥티가 활성화되는 것을 알 수도 있다.

모든 사람이 이 모든, 또는 대부분의 표징을 체험하게 되는 것은 아니다. 샥티는 수행자의 정신의 향상에 필요한 모든 체험을 과거의 행동으로 형성된 습관 유형, 삼스카라Saṃskāra행에 따라 제조해낸다.

스와미 묵타난다Swami Muktananda는 정신적인 지도자의 가르침으로 처음 훈련을 받았는데 그의 자서전적인 이야기에서 머리의 중압감, 열에 달뜬 느낌, 척추 기부의 고통, 의도하지 않은 행동들, 몸에 흐르는 에너지의 흐름, 특이한 호흡법, 내부의 빛과 소리, 환영과 환청, 또 이외의 많은 기이한 경험들을 묘사해 놓고 있다.

군달리니가 상승하는 과정에 있을 때 묵타난다는 극단적인 성적 흥분을 체험했다. 『날마다 새로운 행위를, 새로운 경험을 하였다. 하루는 몸과 감성이 성적인 욕망에 사로잡히게 되었다. ……나는 수키Suki에 있는 내 오두막에서 명상에 잠겼다. 명상중에 나는 붉은빛을 줄곧 보고 있었다. 나는 행복했다. 그런 후 명상하는 중간에 나는 무척이나 굴욕적인 행위를 하게 되었다. ……명상하면서 느꼈던 모든 사랑과 흥분이 나를 떠나 버렸다. ……대신에 그 자리에 어찌할 수 없는 성적 욕망이 들어섰다. ……나는 섹스 외에는 아무것도 생각할 수 없었다. 몸 전체가 욕망으로 들끓었고, 지금도 내 성기의 그 고통을 잊을 수 없다. ……나는 신체를 더욱 약하게 가늘게 만들기로 결심했고, 그래서 우유를 마시지 않았고 물의 섭취량도 줄였다. 저녁에는 마음 속의 동요 때문에 잠을 이루지 못했다. ……어느 누구에게도 말한 마디 안한 채 동쪽을 향해 떠났다. ……엘로라Ellora 근처의 그리쉬네쉬바라Ghrishneshvara라 불리는 신성한 장소를 향해 방향을 잡았고, 나가드Nagad라고 하는 한 마을을 만났다. ……밤을 두리번거리고 있을 때, 나의 눈은 숭배의례 사다나Sādhana를 올리는 오두막에 멈췄다. 그곳에는 전에

● 전래되어 오는 설명에 따르면, 군달리니-요가를 수행하면서 나타나는 신체적인 증상은 척추 기부의 천미골총에서 시작하여, 전골총·태양총·심장총·후두총·송과선 부근·대뇌 피질로 번져간다고 한다.

● 무의식의 단계에서 상대적인 의식의 단계를 거쳐 우주의식에 이르기까지의 상승하는 각 단계들을 보여주고 있다.

부터 숭배의례 사다나를 올리는 요가 수행자가 있었다. ……오두막 안에 들어가 앉았을 때, 나의 다리는 지체 없이 연화좌를 하게 되었고 명상을 시작했다. 나의 사랑스런 붉은 영기가 다가와서 내 앞에 섰다. 그러자 나는 내부에서 울려 나오는 소리를 듣게 되었다. 〈선반을 열고 거기서 찾게 되는 책을 읽어라.〉 나는 책을 꺼내 펼쳐들었다. 책은 나에게 일어났던 바로 그 행위들을 적어 놓은 페이지가 펼쳐졌다. 이를 읽었을 때 나는 더할 나위 없이 행복했으며, 한순간 모든 근심·혼돈과 비통이 사라졌다. ……나는 숭배의례를 올리면서 나가드에서 좀더 머물렀다. 이제는 성적 충동의 시작이 우르드바레타Urdhvareta가 되는 과정과 연관되어 있으며, 이러한 수련을 거쳐 힘을 얻고 이를 샥티파트Śaktipāt에 제공해 주는 과정을 이해하게 되었다. 스바디스타나 챠크라가 자극을 받을 때 성적 욕구가 강하게 끓어오르는데, 그러나 이는 성적 에너지의 흐름이 상승되어질 수 있는 기회가 되기도 하는데 이렇게 하여 수행자의 욕정은 영원히 사라지게 되는 것이다.』[21]

다른 근래의 자서전의 기록에는, 고피 크리슈나Gopi Krishna가 아무런 정신적인 준비나 스승의 지도도 없이 군달리니가 저절로 상승하였던 경험을 기술하고 있다. 조용하게 앉아서 명상에 잠겨 있는데, 어느 날 그는 척추의 기부 아래로부터 이상하고 흥겨운 기분을 느끼게 되었다. 이러한 감정은 〈폭포와 같은 굉음〉과 함께 투명한 빛줄기가 척추를 통과해 뇌에 들어갈 때까지 들락거렸고, 〈모든 의식이 고양되었으며〉 또 〈빛의 바다로 침잠해 들어갔다.〉 그런 후 불안과 고통이 뒤따랐는데 수 년 동안 고피 크리슈나는 빛의 환영과 심신의 고통을 늘 함께 체험하게 되었다. 그는 다음과 같은 일에 대해 쓰고 있다. 『열은 시시각각으로 올라갔고 참을 수 없는 고통을 안겨다 주었다. 얼굴과 사지에는 서늘한 땀이 줄줄 흐르고 있는데도, 나는 고통으로 시들어 빠지고 몸은 이편에서 저편으로 비틀렸다. 그러나 열은 계속해서 오르고, 곧 그것은 수없이 많은 벌겋게 달군 핀들이 몸을 통과해서 마치 날아다니는 못이 그러는 것처럼 조직과 기관을 태우고 끓이는 것같이 되었다. 더이상 참을 수 없는 고문 같은 고통을 겪을 때, 나는 주먹을 꽉 쥐고 침대 밖으로 펄쩍펄쩍 뛰어오르는 것을 막기 위해 입술을 세게 때렸다. 그리고 있는 목청껏 울었다. 심장의 박동은 점점 더 격렬해지고 발작적으로 박동하는 순간에는 심장이 멈춰 버리거나 터져 버리리라 생각하게 되었다. 살과 피는 격렬한 흐름에 견디다 못해 언제라도 부서져 버릴 것 같았다. 신경을 타고 뇌 속으로 쏟아져 들어오는 맹독성의 독극물과 처절하게 싸우고 있는 신체를 상상해 보면 쉽게 이해될 것이다. 그러나 이 싸움은 너무나 불공평하고 격정으로 신체 체제는 와해되어 죽음을 생각하게 하며, 어떠한 결과가 될지 전혀 기대할 수 없게 된다. 모든 기관이 제자리를 벗어나 있어 너무나 두렵고 고통스러워서 맹공격으로 부서진 냉정함을 어떻게 회복시켜야 할지 방법이 떠오르질 않았다. 섬세한 모든 체계가 내부를 휩쓸고 간 격렬한 동요에 완전히 시들었고 파괴되었다.』

다음에 일어난 일에 대해서, 『군달리니가 자리하고 있었던 곳에서 발산되는 강렬한 빛은 좀처럼 수그러들 기미를 보이지 않았고, 신경을 따라 몸의 구석구석으로 퍼져 나갔다. 귀에는 이상한 소리가 가득찼고, 머리에는 기묘한 빛이 가득했다. 그러나 이번의 흐름은 뜨겁고 타는 듯한 것이 아니라 따뜻하고 기분 좋은 것이며, 또 고통으로 지쳐 빠진 세포와 조직을 정말 기적과 같이 어루만져 주고 새활력을 불어넣었다. ……마음의 눈을 떠 자신을 응시하게 될 때는 언제나 동일한 진동으로 머리의 안과 밖에서 환하게 비치는 빛을 보게 되었다. 그것은 마치 아주 미세하고 밝은 물질이 척추를 통해 올라와 두개골로 분사되어 들어가 형용할 수 없는 광휘로 그것을 충만하게 하고, 또 감싸 버리는 것과 같다. 이 빛나는 원광은 크기나 빛의 강도가 항상 일정하지는 않다. 그것은 기울었다 찼다 하며 밝아지거나 어두워지거나 하며, 또는 금색에서 은색으로 또 그 반대로 색깔이 바뀐다. 원광의 크기와 밝기가 더해지면 귀에서는 이상한 소리가, 지금은 없어졌지만 더 크게 더 집요하게 들리는데, 마치 내가 이해할 수 없었던 그 어떤 것으로 나의 주의를 끌려는 것 같았다. 원광이 차분하게 있은 적은 없었고 끊임없이 움직였는데, 춤을 추듯이 뛰어오르기도 하고 소용돌이처럼 휘감기기도 하며, 마치 아주 작고 빛나는 어떤 비물질적인 물질 입자들이 수없이 많이 모여서 위아래로, 이쪽으로 또 저쪽으로 움직이기도 하고, 한데 뭉쳐 원형을 만들기도 하고 빛이 어른어른하는 웅덩이처럼 보이기도 한다.』[22]

　라마크리슈나Ramakrishna는 여성 구루, 브라흐마니Brāhmaṇi의 지도를 받아 군달리니-요가의 수행법을 따랐는데, 각각의 의례를 올리면서 약속받았던 성과를 3일내에 성취했다. 그는 그의 경험을 깡충깡충 뛰었다, 밀어올려졌다, 지그재그로 움직였다 등으로 표현하고 있다. 그는 군달리니의 상승을 직접적으로 느낄 수 있었는데, 훗날 제자들에게 군달리니의 다양한 움직임을 물고기 같은, 새 같은, 원숭이 같은 등등으로 설명했다. 그는 그의 고유한 체험에 바탕하여 에너지의 중심들에 대해 이렇게 말하고 있다.『경전에는 일곱 개의 의식의 중심들에 대해서 언급하고 있다. 정신이 세속적인 것에 집착해 있을 때는 의식이 하부의 세 개의 센터, 천미골총·천골총·태양총에 있게 된다. 그리고 그 안에는 어떠한 고결한 이상이나 순수한 사색도 있을 자리가 없다. 그것은 욕망과 탐욕에 침잠된 상태로 있게 된다. 의식의 네번째 중심은 심장 부근에 있다. 정신이 이 센터까지 고양되어 올라와야 비로소 영혼이 눈을 뜨게 된다. 이 단계에 이르면 신성한 빛을 영혼의 눈으로 보게 되고, 경이로운 마음으로 그 빛의 아름다움과 찬란함에 사로잡히게 된다. 그의 마음은 더이상 세속적인 쾌락을 탐하지 않게 된다. 의식의 다섯번째 중심은 인후 부근에 있다. 정신이 이 센터에 이를 정도로 고양되면, 그는 무지와 어리석음으로부터 해방된다. 오직 신과 관계된 주제에 대해서만 얘기하며, 어떤 세속적인 주제라도 화제로 떠오르면 쉬이 싫증을 내게 된다. 그는 세속적인 일에 대해 귀를 기울이는 것을 꺼리게 된다. 정신이 미간의 여섯번째 중심에 이르게 되면 수도자는 신적인 의식으로 융화되어 간다. 그러나 아직 분리된 자아의 의식이 일소되지 않고 그 안에 남아 있다. 지복에 넘친 신의 환영을 보고 수행자는 더할 수 없는 기쁨에 들뜨게 되고, 신에게로 좀더 가까이 가려고 열망하며 그와 하나가 되려 한다. 그러나 신과 그 사이에 서 있는 자아가 아직 건재하기 때문에 소망을 이루지는 못한다. 어떤 사람은 신을 등잔의 빛에 비유하기도 한다. 사람은 등잔에서 스며나오는 따스함은 느낄 수 있겠지만, 그러나 아무리 강렬하게 원한다 할지라도 그것을 만져볼 수는 없다. 왜냐하면 중간에 있는 등잔의 유리 때문에. 머리에는 일곱번째 중심이 있다. 이 상태에 이르러서야 수행자는 그곳에서 삼매경을 경험하게 된다. 그것은 초월적인 의식으로 이 의식 안에서 그와 신이 하나됨을 깨닫게 된다.』[23]

라마크리슈나는 그가 체험한 군달리니의 세부적인 사항에 대해서도 친근한 제자들에게 설명해 주려고 애썼다.『나는 모든 것을 오늘 얘기해 줄 것이다. 또한 그 어떤 것도 비밀로 하지 않을 것이다.』미간의 한 지점을 가리키며 그는 말했다.『초월적인 자아는 직접 인식하게 되는 것이며, 개인은 마음이 이곳에 이르렀을 때 삼매경을 경험하게 된다. 그러나 초월적인 자아와 개인적인 차원의 자아를 분리해 놓는 얇고 투명한 장막이 아직 드리워져 있다. 그런 후 수행자는 경험한다…….』이렇게 말하면서 그 순간 그는 초월적인 자아를 깨닫고 삼매경에 빠지는 경험을 상세하게 묘사하기 시작했다. 삼매경이 끝나 버리자, 그는 다시 초월적인 자아에 대한 인식에 대해서 묘사하려고 노력했고, 다시 삼매경에 빠졌다.

몇 차례의 성과 없는 시도 끝에 그는 울음을 터뜨려 버렸다.『어쩌면 좋지, 진정으로 모든 것을 말하고 싶었는데. 어떤 것도 감추지 않으려 했는데.』그러나 그는 말할 수 없었다.『누가 과연 말할 수 있을까? 〈나〉와 〈당신〉이라는 그 구별이 사라지는 것을 내가 경험했던 환영이 여기를 〔인후를 보여준다〕 넘어갈 때 그것이 어떤 종류의 것이었나를 묘사하려고 노력할 때마다, 내가 목격하고 있는 환영이 어떤 종류의 것인가를 생각하게 될 때마다 마음은 갑자기 요동치며 말문은 막혀 버린다.』마지막 센터에서는 의식의 〈주체〉와 의식의 〈객체〉 사이의 구별이 완전히 사라져 버린다. 이러한 단계에서는 완전한 자아와 의식의 영역이 하나의 확고한 전체 안에 융화된다.[24]

하나가 된 세계는 라마크리슈나에게는 시바—샥티의 유희로 비쳐졌다. 물질과 에너지 사이의 장벽이 그 앞에서 무너져내리자, 그는 심지어는 모래의 알갱이 하나 또 풀잎의 잎사귀 하나까지도 에너지로 떨리고 있음을 보았다. 그에게 우주는 수은이나 은의 호수의 형상을 하고 나타났고, 우주의 궁극적인 근원인 거대한 빛나는 삼각형에서 매순간 수많은 우주가 생성되는 것을 그는 보았다.

디안 요가 수행자들은 이렇게 말한다.『모든 수행자들이 명상을 하면서 동일한 경험을 하는 것은 아니다. 우리식대로 명상하는 방식을 따른다면, 그러한 획일적인 경험을 추구해서는 안 된다. 개개인의 경험은 이전에 받았던 인상이나 행위에 따라 제한받는 것이다. 때로는 수행자의 인식 안에서 샥티파트 에너지의 움직임이 있은 후에 여섯 개의 챠크라, 또는 연꽃 모두 상승하는 군달리니가 관통하여 삼매경에 빠지는 일이 발생하기도 한다. 때로는 여섯 개의 챠크라가 자극받은 것을 인식하지 못하기도 하는데, 아마도 이 때문에 크리야Kriyās〔요가 수행의 결과로 인간의 신체내에서 발생하는 무의식적인 움직임〕가 아주 기계적이고 미세한 것이 되기 때문이다.』[25]

명상의 방법을 통하지 않고 군달리니가 깨어나는 동안에는 모든 챠크라에서 동시적으로 체험을 하게 되는데, 왜냐하면 최상의 단계에서 이전 단계의 모든 경험들을 포괄하기 때문이다. 라마크리슈나는 어떻게에 대해 말한다.『6월인가 7월인가, 내가 여섯 살인가 일곱 살인가 되었던 때였다. 좁다란 논둑길을 따라 걸으면서 들고 가던 들통에 담겨 있던 옥수수쌀을 먹고 있었다. 그리고 하늘을 올려다보니 아름다운 짙은 먹구름이 깔리고 있었다. 구름은 점점 더 퍼지더니 순식간에 하늘을 덮어 버리려는 기세였다. 그때 눈처럼 하얀 두루미가 먹장구름 앞으로 내 머리 위로 날아올랐다. 너무나 아름다운 대비를 이루어서 나의 마음은 지평선 저 끝까지 걸어가고 있었다. 외부의 것을 전혀 느낄 수 없었고 그만 쓰러져 버렸다. 그리고 옥수수쌀은 사방으로 흩어졌다. 약간의 사람들이 곤란에 빠진 나를 발견하고 팔에 안아 집에까지 데려다 주었다. 그때가 처음으로 황홀경에 빠져 의식을 완전히 잃어버린 경험이었다.』그의 평생 동안 〈신의 의식〉은 그 안에서 쉽게 깨어났고, 그를 삼매경에 빠지게 했다. 만년에는 크리슈나의 익숙한 사진처럼 몸을 구부리고 나무에 기대어 있는 한 영국인 소년을 보고도 그는 〈신과 통교〉하게 되었다.

다른 기회에 그의 신비스런 환영은 절망중에도 떠올랐다. 라마크리슈나는 캘커타 북부에 있는 칼리Kāli 사원의 사제가 되었다. 어느 날인가는 명상에 빠져 정신적인 수행을 했음에도 불구하고 원하는 목표를 이룰 수 없었다. 그래서 그는 모신母神 칼리에게 빌었다. 『당신은 진정으로 있나이까, 아니면 거짓입니까? 나는 당신을 알 수 있다고 꿈꾸면서 스스로 바보가 되어 가고 있습니까?』그는 참을 수 없는 신체적인 고통과 불안감으로 괴로워하기 시작했다. 『나는 더이상 이 소외감을 참을 수 없었다. 인생은 더이상 살 가치가 없는 것으로 보였다. 갑자기 시선이 모신의 사원에 있던 칼에 머물렀다. 죽기로 결심했기 때문에 미친 사람처럼 뛰어올라 그것을 잡았다. 그때 갑자기 희열에 가득한 모신이 스스로를 내 앞에 드러냈다. 그리고 의식을 잃고 마루에 쓰러졌다. 사원의 건물들은 각각이 별개로 신전들로 모든 것들이 어떠한 흔적도 남지지 않고 시야에서 사라졌다. 대신에 무한하고 찬란하게 빛나는 희열의 바다가 끝없이 펼쳐져 있는 것을 보았다. 눈에 보이는 것은 빛나는 거대한 파도로 나를 향해 천둥 같은 소리를 내며 사방에서 밀려왔으며, 마치 나를 삼켜 버릴 듯했다. 나는 헐떡거리며 숨을 쉬었다. 나는 격류에 휘말려 부서져 버렸고 의식을 잃었다. 밤의 세계에서 무슨 일이 일어나고 있는지 전혀 알 수가 없었다. 그러나 내 안에서는 전혀 새로운 전혀 퇴색하지 않은 기쁨이 유유히 흐르고 있는 것을 느꼈다. 그리고 어머니인 칼리신의 존재를 느꼈다.』C. 윌슨Wilson은 다음과 같이 말한다. 『오랫동안의 명상으로 몹시 지쳐 있는 상태에서는 시선이 어디를 향하고 있는지 분별할 수 없게 된다. 자살을 하겠다는 결심은, 그의 잠재된 생명에너지를 일깨워 주는 근본적인 힘에 위해가 되는데 돌발적으로 생긴다.』[26]

초자연적인 힘은 군달리니-요가를 수행하면서 함께 나타날 수 있는 것 중의 하나이며, 또한 군달리니 에너지의 자발적인 상승이 있은 후에 나타날 수도 있다. 자아를 활성화시키는 것은 특별한 재능이나 기술(시디스Sidd-his)을 습득해도 가능한데, 가령 음식을 전혀 먹지 않고 지낸다거나 자신의 신체를 두 개로 만드는 것, 죽은 상태에서 깨어나는 것, 〈저승의 세계, 혹성이나 별, 우주들, 또 전체 우주〉에 대한 지식을 습득하는 것, 중력을 벗어나는 것, 공중 부상, 우주를 여행하는 등의 행위를 말한다. 유명한 탄트라 나타Nātha 요가 수행자들의 생활을 소개하는 글 중에는 이러한 능력에 대해 수많은 서술을 하고 있다. 나타Nātha 예배에서 숭배되어지는 성인들이 아직도 눈에 보이지 않는, 물질을 초월한 형체를 하고서 멀리 히말라야 산맥이나 삼림 속에 살고 있다고 하는 믿음이 널리 전해져 내려오고 있다. 유명한 탄트라 학자인 고피나스 카비라즈Gopinath Kaviraj 박사는 나타 요가 수행자 일행을 우연히 발견하고, 그들과 함께 있었던 그의 개인적인 체험을 기록으로 남겼다.[27] 지오티지Jyotiji는 요가 수행자로 물질적인 신체를 떠나서 빈번하게 우주여행을 하곤 했다. 케다르나스Kedarnath는 나이 어린 소년으로 위와 비슷하게 속세의 육신을 떠나 먼 곳까지 여행을 할 수 있는 능력을 가지고 태어났다. 그는 신체로 돌아온 후에도 자신의 체험을 묘사할 수 있다. 처음에 그의 부모와 친구들은 그가 정신적으로 이상이 있다고 생각하여 백방으로 치료하려고 나섰다. 그러나 소년은 완전한 의식으로 그의 육신을 떠나는 것이라고 주장했고, 우주여행을 마치고 돌아온 후에도 그의 기억은 전혀 상실되지 않았다.

카비라즈 박사는 그의 신기한 체험이 처음 시작되었을 때를 기록하고 있다. 바나라스Banaras의 다사스바메다 가트Daśāsvamedha Ghāt 시장 근처였다. 어느 날 케다르Kedar는 붉은색으로 그를 응시하고 있는 이상한 형상을 보았다. 갑자기 이 남자 형상이 그를 스치고는 사라져 버렸다. 케다르는 높은 열에 들떠 집으로 돌아왔다. 고열상태에서 그는 아버지와 아버지의 구루를 보았는데 둘 다 죽은 이들이었다. 그들은 소년에게 육신을 떠나 밖으로 나오라고 했다. 그리고 어떤 불가해한 에너지를 이용하여 그는 그렇게 할 수 있었다.

명상 수행을 하면서 케다르는 주변의 밝은 불빛을 보았다. 신체에너지의 아주 미세한 이동이 가능하게 되었다. 그는 각기 상이한 단계에 도달하게 되었고, 그가 가진 특별한 힘을 응용하여 천상의 세계를 여행할 수 있었다.

요가 수행을 하므로써 생기는 힘으로 시다이 요가 수행자들이 중력을 무시할 수 있다는 증거는 많이 있다. 완전히 형체가 없는 존재로 변형되는 것은 아니지만, 그들은 체중을 감소시키고 그들이 원하는 만큼 공중으로 떠오르게 하는 부력을 얻는 것이다. 우주에너지에 정신을 집중하면 요가 행자가 아주 가벼워져〈그의 에테르상의 신체에 심지어는 태양빛의 입자에 의지해서〉여행을 할 수 있게 되는 것이다. 군달리니 요가의 수행과정중에도 떠오를 수가 있지만, 이러한 초자연적인 힘은 탄트라 행자들에게는 보다 높은 의식과 해탈을 얻는 데 장애물로 받아들여지고 있다.

지금까지 군달리니의 현상에 대한 체계적이고 임상학적인 연구도, 과학적인 조사도 거의 이루어지지 않은 실정이다. 그러나 군달리니의 체험을 분류학적으로 기술한 것과 현대의 임상학적인 발견들과의 어떤 불일치 때문에, 서구의 연구자들은 그들의 관찰을 설명하기 위해〈생리학적인 군달리니〉모델을 제안하기에 이르렀다. 이러한 개념은 한 미국인 연구원인 I. 벤토프가 제안한 모델로부터 생겨났는데, 그는 의식의 변형된 상태라는 문제를 인간의 생리작용에 영향을 끼치는 진동수를 연구하여 접근했다.

탄트라 경전에 나와 있어 이미 알고 있듯이, 군달리니의 상승은 특별하게 강렬한 일련의 생리학적인 반응들을 수반한다. 이 사실에서 우리는 또한 특별한 일련의 심리학적인 변화가 생기리라 기대하게 된다. 대부분이 명상가들은 이를 명상 수행중에 생겨날 수 있는 것으로 여겨서 지나치게 이에 경계하고 있지는 않다. 그러나 명상 수행을 하지 않는 사람들 중에서도, 또는 군달리니 에너지에 대한 정보를 전혀 접할 수 없는 사회문화 속에 사는 집단들내에서도 환경의 자극으로 인해 비슷한 반응이 개시될 수도 있다. 벤토프의 실험[28]에서는 특이한 기계적인 진동, 전자기파, 또는 음성 진동에 노출되었을 때 유사한 반응이 일어날 수 있음을 보여 준다. 결과적으로 나타난 증상들이 의학적인 주의를 끌기는 했지만, 최근까지도 어떠한 이유로 그러한 증상이 나타나는지 알아내지도 또한 이해하지도 못했다. 다양한 실험을 통해 신경조직에 이상이 생긴 것과는 거리가 멀다고 지적하고, 군달리니 단계란 신체의 리듬과 신체 자장의 변화와 연계된 의식의 변화라고 지적한 사람이 바로 벤토프다.

깊은 명상에 빠져 앉아 있는 피실험자를(심전계를 사용하여) 관찰한 벤토프의 실험내용에는, 주기적인 사인곡선 유형을 그리게 된다고 나와 있다. 그는 이러한 파동이 명상 수행을 하는 동안 심장에서 나온 주요 동맥인 대

● 우주 마하마야의 마법사로서의 여신 데비, 데비의 마술로 생겨난 허구적인 〈실재〉에 서 명상 수행을 통해 반드시 벗어나야 한다. 파하리 화파, 18세기경, 종이에 안료.

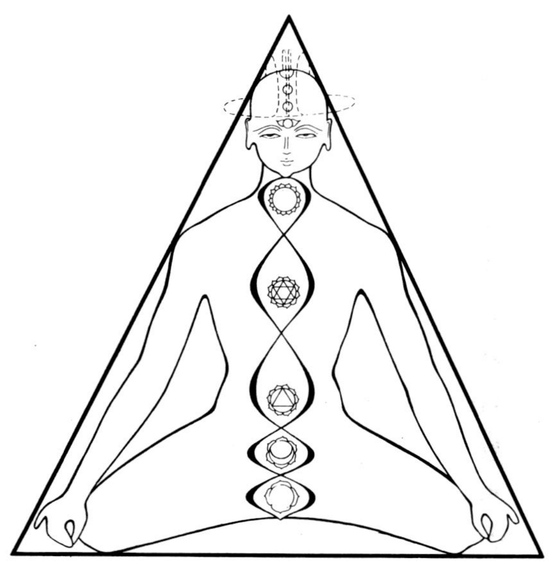

● 여성 파트너인 지혜반야와 합일되어 있는 바즈라. 군달리니 요가를 수행할 때 군달리니 에너지의 흐름은 평상적인 순서를 밟는다면 아래로 향하게 되어 있지만, 역전되어 위로 향하는 흐름이 되고 종국적으로 우주의식과 합일된다. 지고의 기쁨 (아난다 Ānanda)에 이른 상태란 모든 이중성—남성—여성·에너지—의식·시바 —샥티를 초월하는 것을 말한다. 티벳, 19세기경, 헝겊에 안료.

● 깊은 명상에 빠져 있는 동안 두뇌의 반구 주위에는 동적인 자기장이 발달하게 된다. ◀

●반은 여성이고 반은 남성인 남녀 동체의 카메스바라와 카메스바리로서의 시바 — 샥
티. 남성과 여성 원리와 특성이 결합되어 있음을 가리키며, 정신적인 통합을 상징한다.
파하리 화파, 18세기경, 종이에 안료.

●탄트라 아사나, 교합의례에서는 성적인 에너지가 아사나 수행법을 통해 정신적인
차원의 것으로 변형된다. 캉그라 화파, 1850년경, 종이에 안료.

• 비쉬누가 원초적인 뱀의 힘, 세샤 또는 아난타에 기대어 있다. 세샤는 우주가 깨어나기 이전 상태인 무의식 또는 저승세계의 최고의 존재를 상징한다. 비쉬누의 배꼽에서부터 창조자인 브라흐마가 나와 해체된 우주의 혼돈의 바다에서 그에 반항하는 힘들과 맞서고 있다. 캉그라 화파, 18세기경, 종이에 안료.

• 사하스라라 챠크라에서 시바와 샥티의 합일이 이루어졌음을 1천 개의 꽃잎을 가진 연꽃으로 상징하고 있다. 탄트라식 관점의 핵심은 궁극적인 실재가 통일된, 분리될 수 없는 전체라는 개념이다. 우주의식으로서 시바와 그의 힘인 샥티는 더이상 구별되지 않는데, 남성과 여성 원리 이 둘의 통합을 의미하기 때문이다. 군달리니―요가에 대한 두루마리 그림의 세부, 라쟈스탄 지방, 18세기경, 종이에 안료. ◀

● 우주에너지인 데비의 옷자락에 창조의 의식인 시바가 쉬고 있다. 데비(또는 군달리니)는 아직 드러나지 않은 시바를 일깨우는 거대한 드라마에서 활약하는 원초적인 힘을 말한다. 파하리 화파, 18세기경, 종이에 안료.

● 가장 하위의 거대 물질로부터 인간계에 이르는 우주의 진화과정, 캉그라 화파, 18세기경, 종이에 안료.

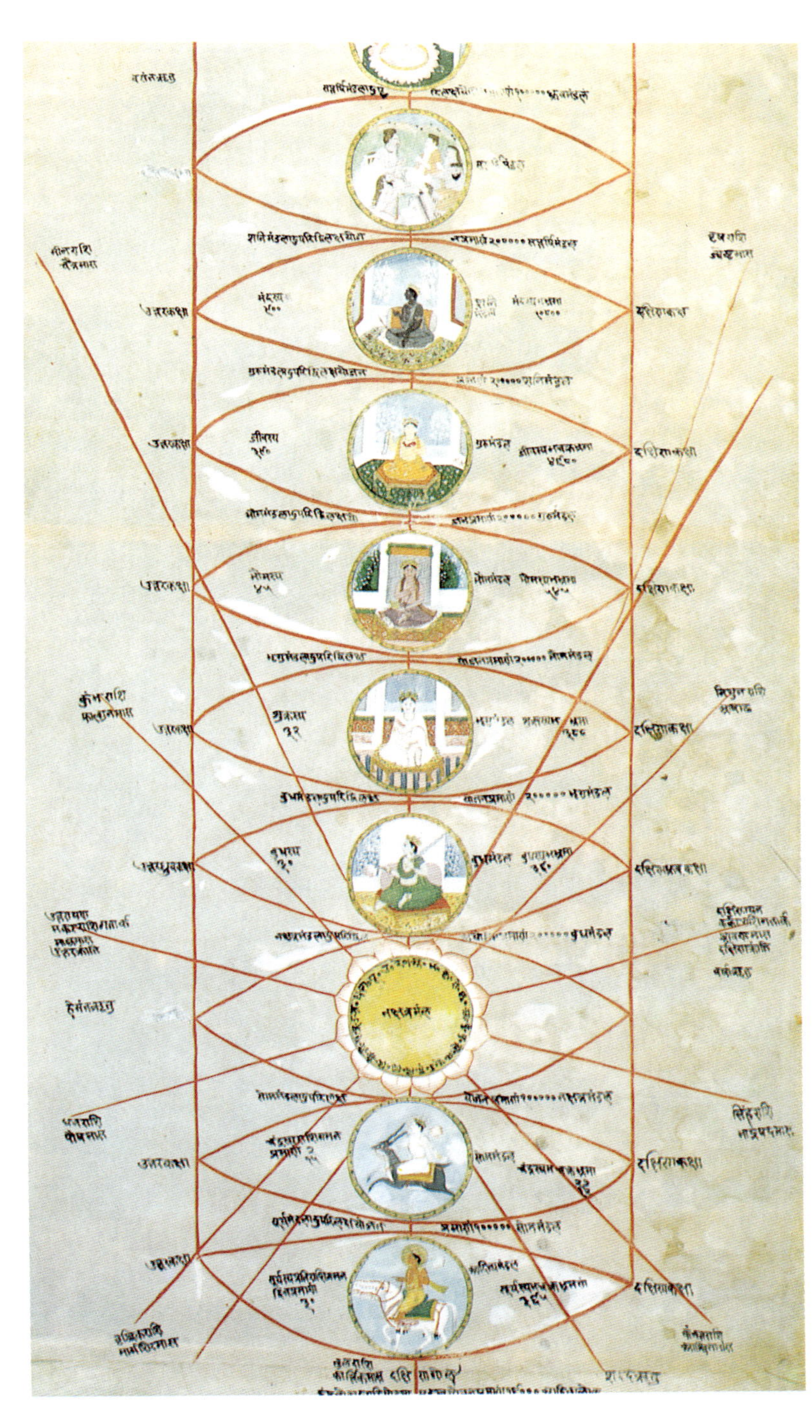

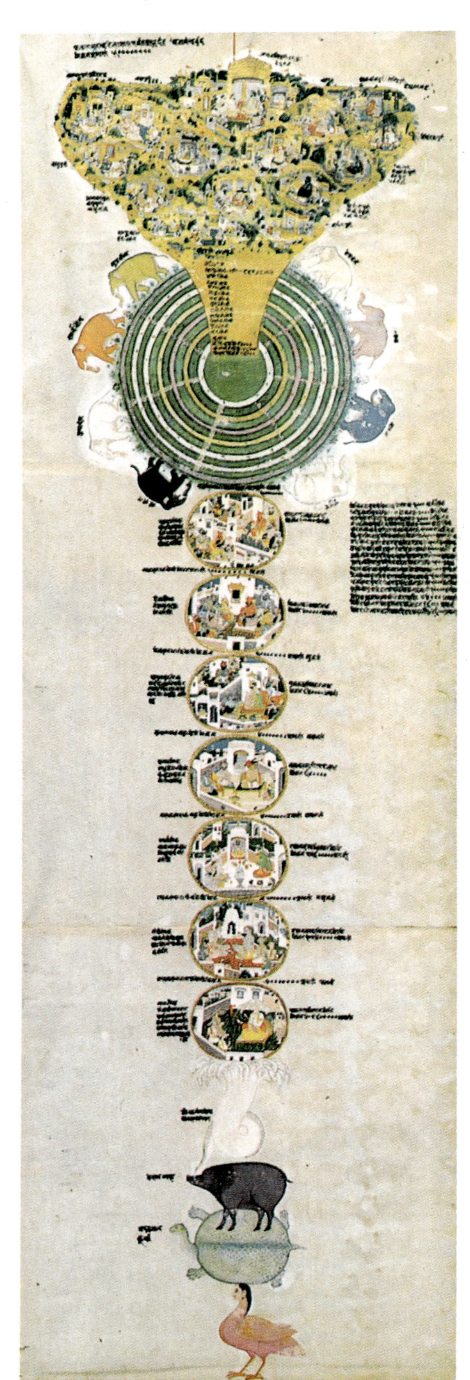

● 지하세계의 상층부와 인간계, 우주의 에너지는 행성과 또 점성술과 연관된 챠크라를 통과해 합일과 기쁨의 챠크라, 순수 경험의 영역으로 향해 간다. 캉그라 화파, 18세기경, 종이에 안료.

동맥의 정상파에서부터 발달해온 것이라고 보고 있으며, 신체의 리드미컬한 움직임에 반영된다고 한다. 이러한 공명하는 진자—심장의 대동맥계—가 훨씬 섬세한 생물학적인 진자—두뇌, 뇌의 공동, 뇌의 감각조직—를 번갈아 가며 〈두드려서〉 마침내는 이 모든 것이 함께 작용하여 뇌의 자장을 변형시키는 것이다.

이러한 동일한 목적에 봉사하는 다종의 체계로 인해 감각 피질 조직 안에 있는 진동하는 〈전류〉, 이동성의 자극이 활성화되는데 마침내는 극성을 갖게 되어 두뇌의 각 반구에서는 진동하는 자장을 형성하게 된다. 벤토프는 이렇게 썼다. 『이 자장—머리에서 방사되는 것으로 안테나로서 역할한다—은 주변에 이미 존재하는 전기장, 그리고 자장과 상호 작용한다. 머리는 동시에 수신과 송신을 하는 안테나와 같은 것이며, 두뇌에서 발생하는 몇 개의 공진하는 주파수 중의 특별한 어느 하나에 파장을 맞춘다.』

벤토프는 〈군달리니〉 현상이 신경계의 발달에 있어 필연적인 과정으로 해석될 수 있다고 주장한다. 『다음과 같은 가정을 조건 없이 세울 수 있는데, 우리가 갖고 있는 이 자성의 안테나는 외부의 확대된 계—지구와 태양—에 대한 정보를 취하며, 지구에서 일어나는 물리학적인 현상과 징표들을 보다 유리하게 해석하게 한다.』

벤토프는 〈감각 자극 피질 신드롬〉, 또는 〈군달리니 작용〉과 관계된 그의 환자가 경험한 일련의 신체적인 감각들을 서술하면서 『일시적인 감각이상이 발가락 또는 발목에 나타나는데 감각이 전혀 없고·욱신거리는 고통이 따른다』고 쓰고 있다. 『촉각이나 고통에 대한 감수성이 떨어지는 일이 흔히 나타나며, 심지어는 발이나 다리에 부분적인 마비현상이 생기기도 한다. 이러한 증세는 아주 빈번하게 왼편에서 시작되며, 차례로 발·다리·히프로 올라가서 얼굴을 포함한 좌반신 전부에서 나타나게 된다. 히프에 이러한 증세가 나타나게 되면, 보통은 척추의 천골과 하부 요추 사이가 간헐적으로 떨린다거나, 또는 리드믹한 기차의 율동 같은 감각을 경험하게 된다. 뒤따라서 상승하는 감각이 느껴지는데 척추를 따라 목을 통과해 머리의 후두골 부근까지 상승한다.』

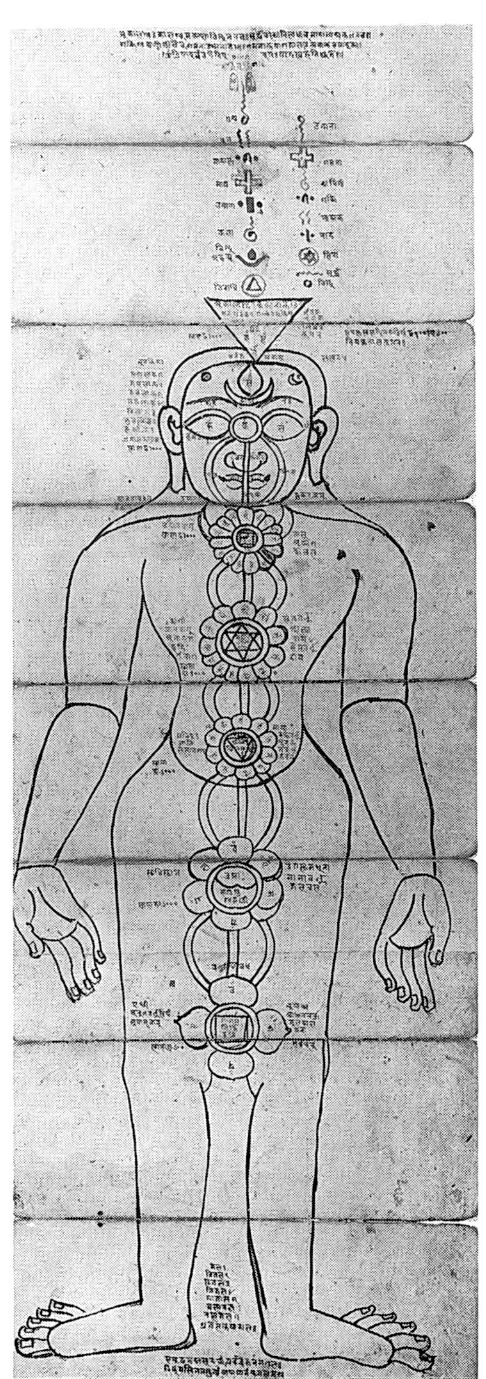

●사하스라라 챠크라를 초월하여 전개되는 단계들, 네팔, 19세기경, 종이에 잉크.

●챠크라, 챠크라에 주재해 있는 신, 샥티, 발과 다리의 에너지 통로가 나타나 있는 도상. ▶

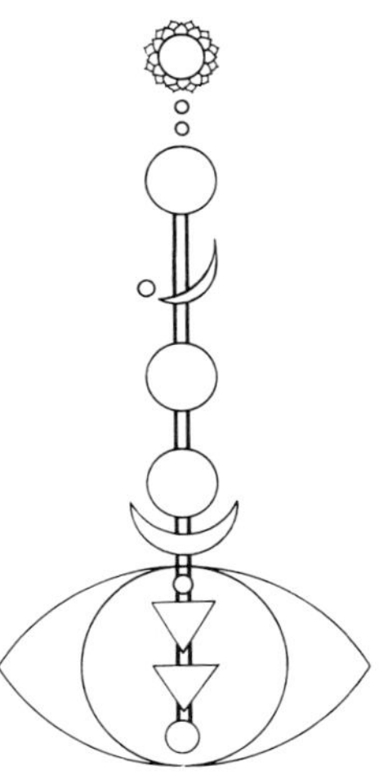

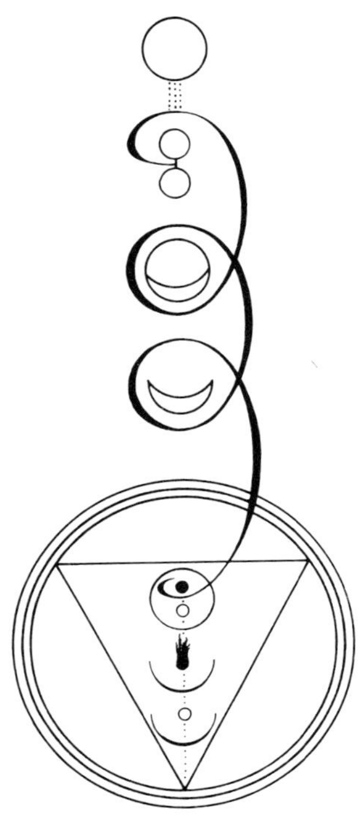

● 아즈냐로부터 각단계는(카슈미르 사이비즘Kashmir Śaivism에는 10단계) 의식과 일치감에 있어서의 상승이며, 모든 형상은 사하스라라의 광막한 공허로 회귀한다.

● 에너지 변형의 단계들, 표현을 초월하는 또 개인을 초월하는 단계를 거쳐 절대적인 무의 단계로 해방된다.

● 사하스라라에는 모든 단계가 포함되어 있다. 중앙에서부터 마하빈두가 최고의식(순수의식) 영역인 사하스라라 만다라 안에 있고, 다음으로 라자빈두가 수십억 개의 은하를 포용하는 고양된 의식(치타─아카사Chitta─Ākāsa) 안의 경험적인 정신을 상징하는 타타스타 만다라 안에 있고, 다음으로 타마빈두(타마Tama=흑색)가 전체에 둘려싸여 있는 현상세계(부타─아카사Bhūta─Ākāsa)를 상징하는 마야 만다라 안에 있다.

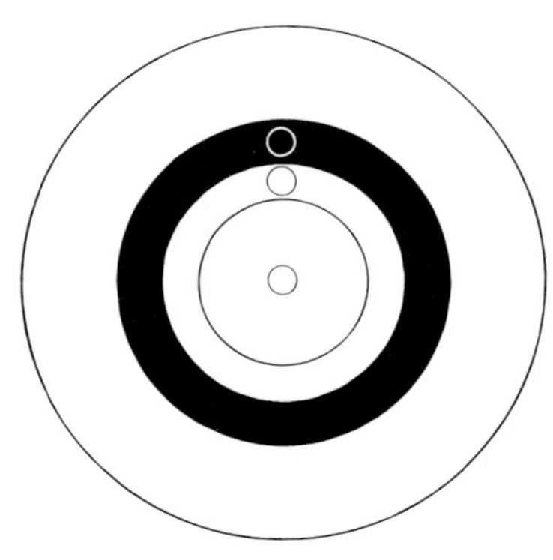

　　머리와 목에 생기는 압박감은 보통은 일시적이지만 때로는 오래 지속되는 통각의 신호라 할 수 있다. 비슷한 압박감이 척추와 흉곽을 따라 위로는 머리와 눈에서까지 느껴진다. 그런 후 욱신거리는 통증이 얼굴에서 목으로 내려올 수도 있는데, 한편 공기압이 흉강과 목 사이를 세차게 왔다갔다 하는 것을 느끼게 된다. 호흡이 불규칙해지며 날숨이 거칠어진다. 고음의 붕붕거리는 소리나 딸랑거리는 소리가 귀에 들릴 수도 있는데 시야의 방해를 함께 경험하거나, 또는 시력이 떨어지거나 일시적으로 상실되기도 한다. 내적인 변화가 이제는 복부 쪽으로 후퇴해 가는 것을 실제로 느끼게 된다.

　　벤토프는 순환성 〈전류〉로 인해 감각 피질이 자극받는 것을 〈깨어난 군달리니〉가 일으키는 일련의 증후들을 생리학적으로 가능한 설명이라고 제안한다. 더 나아가서 『이 자극이 각부분으로 이동해 갈 때 쾌락 센터가 있는 부분을 지나게 된다. 이렇게 쾌락 센터가 자극을 받게 되면 명상가는 환희의 상태를 경험한다. 이 〈단계〉에까지 이르려면 체계적인 명상 수행을 수 년 동안 해서 성공할 수도 있지만, 다시 한번 말해 두고 싶은 것은 어떤 사람들에게는 자발적으로 일어나는 것이 될 수 있다.』

　　군달리니 체험의 모든 특징적인 사항들이 전래의 이야기 속에 담겨 있기는 하지만, 어떤 점에서는 이러한 기술 내용들이 현대의 임상학적인 관찰내용과 다른 점을 보여 주고 있다. 일부 연구원들이 발견한 바에 따르면, 〈에너지 감각〉이 다리에서 척추로 또 머리 꼭대기로, 그런 후 얼굴로 내려와 목을 통하여 복부에 있는 최종점으로 이동해 가지만, 반면에 전통적인 설명에 따르면 에너지는 척추의 기부에서 깨어나서 척추관을 따라 이동해 정수리에 이르면 기나긴 여행을 끝낸다고 한다.

　　군달리니가 척추의 기부에서 깨어난다고 하는 전래의 설명은, 라마크리슈나가 경험했던 『그 어떤 것이 욱신거리는 통증과 함께 발에서 머리로 올라왔다』는 기술과도 모순된다. 이러한 불일치는 군달리니－요가에 대한 전통적인 묘사에서, 특히 오래된 두루마리 그림에서 해소될 가능성이 있다. 무의식의 무한한 깊이는 보통 거대한 뱀 세샤Śesha로 묘사되는데, 삼계가 창조된 후에도 남아 있던 것으로부터 생겨나서 〈잔여물〉이란 뜻의 이런 이름을 갖게 되었다. 세샤의 1천 개의 머리는 광대한 덮개처럼 뻗어 있고, 또 아리에 기대어 황홀경에 빠져 자고 있는 나라야나Nārāyaṇa인 비쉬누의 침상 같은 모양을 하고 있다. 군달리니-요가를 설명하고 있는 두루마리 그림에는 오직 세샤만이 그려져 있는데, 이는 또한 〈무한한〉 아난타Ananta와 동일시되고 있다. 무의식의 원형으로서 세샤는 태초의 생명의 바다 깊숙한 곳으로부터 떠올라 비쉬누의 최초의 현현들, 또는 〈후임들〉, 물고기인 마츠야Matsya, 거북인 쿠르마Kūrma, 멧돼지인 바라하Varāha와 같이 변신하여 인간 존재를 자극하고, 그런 후에야 물라다라Mūlādhāra 또는 기부 챠크라에 도달하게 되는데, 이 조절 센터는 세샤가 풀어져 나올 때는 잠든 상태로 있을 수 없으며 반드시 거치게 된다.

이런 그림에는 군달리니가 최고의 챠크라 사하스라라에 도착했을 때도 일련의 작용이 멈추지 않는다는 개념을 설명하고 있다. 수행자가 일곱 단계의 고양된 의식의 상태에 들어서 가장 위대한 우주의 모험—인간의 의식이 확장되는 것을 경험하는 여행—을 하게 되면, 이것은 정신을 초월하게 된다. 『여섯번째 챠크라인 아즈냐에서 시작하여 의식은 개인을 초월하기 시작한다. ……이는 완전한 초월로 무정형의 의식과 무한한 빛의 영역 속으로 해방되는 것이다. 여기에는 어떠한 자아, 어떠한 신, 어떠한 최고의 신, 어떠한 주체, 어떠한 대상도 그러한 것으로서의 의식과 별개로 존재할 수 없다. ……각각의 단계는 의식의 증대를 의미하며, 모든 한계가 무한이라는 완전하고 급진적인 해방으로 회귀할 때까지의 의식 그 자체이다.』[29]

카슈미르 사이비즘Kashmir Śaivism에 따르면, 챠이탄야Chaitanya(순수의식)와 다름 아닌 최고의 실재는 파라마시바Paramaśiva이다. 그림들에는 상승하는 순서대로 이러한 여러 가지 단계에 대해 묘사하고 있다. 빈두Bindu · 아르다칸드라Ardhacandra · 로디니Rodhini · 나다Nāda · 나단타Nādānta · 샥티Śakti · 비아피카Vyāpikā · 니르바나Nirvāṇa · 운마니Un-mani, 그리고 궁극적으로는 마하빈두Mahābindu(우주를 초월한 거대한 우주의 공空)라는 최고의 단계가 있는데, 라오-쭈Lao-Tzu의 어구에는 〈모든 것을 포괄하는 공〉이라 한다. 군달리니-요가 수행자는 의식의 이와 같은 단계들을 어려움을 무릅쓰고 통과하여 의식을 초월한 단계에 이르러야만 하는 것이다. 마하빈두 또는 파라빈두Parābindu(초월적인 공)에 이르는 것은 군달리니가 깨어난 후에야 가능한 것이다.

나타요기 고라크나타Nāthayogi Goraknātha(A.D. 1120년경)가 말하고 있는 챠크라계에 대해 언급하면서, 카비라즈 박사는 이 계를 넘어서 20개의 공허가 연속되어 있다고 쓴다.『원본〈Devatā Acintyanātha and the Śakti Avyaktā〉에는 스물한 개의 브라흐만다 위의 광대한 공허(파라마수냐－스타나Paramaśunya－Sthāna) 중에 있을 때 마지막 해방이 일어난다고 전하고 있다. 이 광대한 공허를 초월하므로써 수행자는 유전의 사슬, 즉 삶과 죽음의 수레바퀴에서 영원히 자유로워지는 것이다.』[30]

그러나 한 가지 주의할 것은, 위의 내용을 읽고 군달리니 상승의 각각의 단계 또는 부분들이, 말하자면 외부에서 일어나는 것이라고 오해하지 말아야 한다. 이러한 단계들은 더 광대한 계와 밀접하게 관계하고 있으며, 전체 안에 즉 사하스라라 안에 포용되어 제과정이 진행되는 것이다.

《요가 우파니샤드》에는 챠크라의 조직체계가 발에서부터 시작하여 전신을 포괄한다고 설명한다. 발에서 무릎까지는 땅의 요소 부분이고, 무릎에서 항문까지는 물의 요소, 항문에서 심장까지는 불의 요소, 심장에서 미간 중앙까지는 풍風의 요소, 미간 중심에서 정수리까지는 공空의 요소 부분인데 모양은 둥글고, 색깔은 젖빛 백색으로 하Ha(＝샥티) 글자와 함께 진동한다.

군달리니 현상의 증후들은 각기 다른 지속기를 가진다. 어떤 사람에게는 특별한 증상이 몇 달을, 또는 심지어는 몇 년 동안 지속해서 나타날 수도 있다. 모든 증상의 순서가 확실하게 눈에 띄지 않는 경우도 있으며, 아무런 연관성이 없이 나타나는 수도 있다. 결과적으로 전체 진행과정이 심신상의, 또는 신경계의 교란으로 방해받는 일이 흔히 생기며, 또한 과정의 특성에 대한 일반적인 인식의 부족으로 과격하고 불필요한 조치로 인해 정신분열증이나 다른 정신이상 질환으로 오인받는 경우도 많이 생긴다.

군달리니 체험이, 다양성에 대한 저서에서 또 다른 미국인 연구원 L. 사넬라Sannella는 다음과 같이 썼다.『군달리니의 체험을, 군달리니가 계에

지워져 있는 한계를 제거할 때 나타나는 군달리니의 제어작용의 결과라는 견해를 받아들인다면, 증상 유형에 있어 개개인의 차이란 분리된 영역들이 폐쇄되어 있다는 것을 의미하게 된다. 이것은 또한 유전적인 형성이 틀리다는 것, 또 개개인의 과거사가 틀리다는 것에 기인할 수도 있다. 또한 이러한 과정이 몇 달에서 몇 년이 걸리는 경우도 있다. 시간의 경과에 있어 이러한 차이가 생기는 것은 명상의 정도가 틀리다든가, 또 필요한 전체 제어량이 차이나는 데도 이유가 있다. ……생리적인 군달리니 사이클이 이렇게 제어될 수 있는 경우는, 어떤 특별한 정신적인 능력을 부여받은 사람에게서 나타날 수 있다. 이러한 배타적인 관점으로 특정한 단계에서의 과정의 진행이라는 것을 도외시하게 된다. 일정 시간을 두고 더 다양한 현상이 생기기도 하지만, 징표와 증세들이 계속해서 나타나지는 않으며 일정한 간격으로 명상하는 중에, 조용한 시간이나 수면중에 가장 빈번하게 나타난다.』[31]

사넬라 박사는 더 나아가 다음과 같이 쓴다.『너무나 〈평범한〉 사람이 생리적인 군달리니 사이클을 몇 달 사이에 일어나는 일로서 완벽하게 그리는 경우도 있는데, 요가 경전에는 가장 발전이 빠른 초보자의 경우에 있어서도 군달리니가 깨어나서 최고의 상태에 이르기까지에는 적어도 삼 년의 시간이 걸린다고 나와 있다.』여기서 다시 한번, 지금까지 살펴왔지만 어떠한 엄정한 또 쾌속의 규칙도 존재할 수 없다는 것을 애기하게 된다. 라마크리슈나는 시작해서 3일내에 깨달음을 얻었고, 이외에도 유사한 경우들이 많이 있다. 사넬라 박사의 주장처럼, 아마도『군달리니는 지금까지 대다수의 사람들이 생각했던 것보다 일상생활에서 더 많은 역할을 하고 있다. 모든 사람의 내부에서 벌써 깨어 일어나, 해가 없을 뿐만 아니라 오히려 이로운, 우리가 그것의 존재나 활동을 완전히 의식하지 못하고 있는 중에도 밤낮으로 정해진 일을 수행하고 있는 군달리니의 보다 하위의, 또한 약한 현현이 있다.』[32] 그는 또한 주장하기를 〈생리학적인 군달리니〉의 메커니즘이 별개의 본질로서 완전한 군달리니의 깨어남에 관여하는 부분으로 작용할 수 있다고 한다.

젊은 미국인 여성작가가 오랜 시간을 두고 겪은 군달리니 체험의 대표적인 이야기를 저자는 소개한다. 그녀의 이야기에 따르면 『일생을 지배해왔던 다양한 경험과 증후들을 이해하기 위한 모든 가능한 시도를 하던 중에, 우연히 군달리니의 깨어남에 대한 고대와 현대의 문헌을 접하게 되었다. 그리고 나에게 무슨 일이 일어났는지를 이러한 문헌에서 알 수 있게 되었다. 회상해 보건대, 이제는 사춘기에 접어들었을 때 최초로 에너지를 느꼈다는 것을 이해하고 있다. 첫아이를 낳을 때까지는 그러한 과정이 그렇게 수고스러운 것은 아니었다. 나는 하타 요가를 집중적으로 훈련했으며, 출산 전에는 매일같이 요가식 프라나야마 훈련법과 매우 유사한 잘 알지도 못하는 것을 출산 준비운동법과 함께 했다. 일하는 동안, 또 출산기에 엄청난 에너지가 방출되었고 강렬한 빛의 환영이 있었다. 주변에서 일어났던 이러한 반응은 진정제를 복용하면 순식간에 사라지곤 했다. 몇 년 후에, 이것을 억누르는 데 반쯤 성공한 후에 나는 스와미 묵타난다를 만났다. 일순간에 내가 영적인 스승에 대해 무지했으며, 또한 주의도 기울이지 않았다는 것을 느꼈지만, 그의 주변에서 일어났던 체험들이 너무나 존경스러운 것이어서 그를 따라야만 한다는 것을 알게 되었다. 그런 후 군달리니의 상승 체험은 매일같이 있었고, 내 인생에서 일어났던 현상들을 포용하고 더이상 부정하지 않게 되었다. 심각한 교통사고를 당하고, 이 과정에 진행은 더욱 촉진되었는데 죽어가는 또 죽음의 문턱을 넘어가 시간을 초월하는 통일과 평화의 바다로 빠져드는 강렬한 경험을 하게 되었다.』

『지난 5년 동안 매일같이 군달리니 에너지를 인식할 수 있었고, 그것은 아주 다양한 형태를 하였는데 어떤 것은 광대하면서도 상승하는 형태였고, 많은 수가 형태가 흔들리거나 또 묘사하기 어려운 것이었다. 나는 군달리니 샥티의 엄청난 힘이 나의 물질적인·정서적인·정신적인 전체계를 통해 폭포수처럼 쏟아져 들어와 저장된 경험, 또는 감정의 매듭들을 찾아내어 푸는 것을 느꼈다. 폐쇄된 곳에 있던 내용물(어린 시절부터 탄생 이후로, 개인을 초월한 영역에서부터 차곡차곡 쌓여진)이 의식으로 풀려 나와 강렬한 환영을 체험하게 되며, 감정이 해체되고, 심각한 신체적 장애가 생기고, 내적 성찰을 하게 되었다. 신체의 반응 대부분은 좌반신에서 생겼다. 다리에는 경련이 일어나고 에너지가 척추의 기부로부터 등줄기를 쓸고 올라가며, 목과 어깨 부근에 차게 되는 일도 흔하게 나타났다. 이러한 증후들이 나타났다 일단 사라지면 초점이 눈 근처에 있게 되며, 짓누르는 듯한 두통이 생기고 책을 읽을 수 없으며 때로 시력이 상실되기도 했다. 공동이 움직이며 목구멍이 죄는 듯한 느낌을 받는 경우도 흔했다. 몇 달 동안은 에너지가 복부와 난소 부근에 집중되는데 육체적인 고통과 구토증이 몹시 심해졌다.』

『군달리니의 상승은 거의 단선적으로 이루어진다. (다리에서 등으로 올라가 목 끝으로, 정수리 위에서 눈으로, 목구멍에서 위로, 그리고 여성의 생식기관으로 간다.) 에너지가 최후로 한 곳을 정화하면 모든 증상이 사라지며, 다시는 되돌아오지 않는다. 때로는 특별한 챠크라가 활성화되는 것을 느낄 수 있고, 전챠크라계가 작동하고 있음에도 불구하고 특히 에너지가 유난하게 강력할 때에도 느낄 수 있다. 격렬한 떨림, 기계적인 동작과 호흡, 타는 듯한 뜨거움이 신체에 퍼지는 경우도 흔히 있다. 감수성이 극도로 예민해지고 수동적으로 되며, 어떠한 증세라든가 주변에 있는 에너지를 느낀다거나, 또는 강렬한 영적인 인상을 경험하기도 한다. 뱀의 환영이 반복해서 나타나기도 하고, 아름답고 황홀한 강렬한 빛의 유희를 보기도 하며, 자신 안에 있는 챠크라 체계에 퍼져 있는 수많은 가는 회로를 따라 이동하고 있는 풍요로우면서도 어루달져 주는 에너지를 느끼기도 한다.』

『여러 번의 시행착오를 거듭하면서 어떤 상황에서는 군달리니의 활성이 때로는 증가한다는 것을 알게 되었다. 여러 달 동안 명상 수행, 하타 요가, 또 단식을 하여도 불안하고 혼돈스러운 단계를 벗어날 수 없었다. 거대한 도시의 또는 질주하는 제트기의 진동처럼 어떤 진동장으로 인해 영적인 수련을 더 많이 쌓은 스승과 만나는 것처럼 활성이 증대되기도 했다. 때로는 어떠한 느끔으로 인해 업보의 유형이 갈라지는가가 정해지기도 하는데, 놀랍게도 동시에 일어나는 사건들과 폭발적인 에너지의 방출에 수반하는 분해된 상태도 포함한다. 그러나 대부분의 경우에는 군달리니는 스스로의 속도를 갖고 있으며, 나의 제어나 만족과는 상관이 없는 것으로 보였다. 과거 수 년 동안 이를 의식하지 않은 날이 하루도 없었으며, 어떤 때는 다른 때보다 더 강하게 이에 집착하기도 했다.』

　사넬라 박사가 이용했던 사례별 연구는 그와 그의 동료 연구원들이 〈생리적인 군달리니〉의 가장 전형적인 유형이라고 믿고 있는 색채를 강하게 드러낸다. 그는 한 48세의 여성예술가가 『초월적인 명상을 시작했고, 약 5년 후에는 이따금씩 팔이 쑤시는 고통과 손에 열이 나는 것을 경험하게 되었다』고 기록한다. 그녀는 에너지가 전신에서 소용돌이치는 것을 느끼며 여러 날을 잠을 이루지 못했으며, 그녀의 의식이 육신에서 분리되는 꿈을 몇 차례 꾸었다. 계속되는 고성이 그녀의 머리 안에서 생겨났다. 곧이어 엄지발가락에 경련이 일어났고, 이어서 다리가 떨리는 것을 느꼈다. 밤 사이에 그녀의 엄지발톱은 까맣게 죽어 버렸는데, 마치 망치에 얻어맞은 것처럼 또 실제로 살에서 들떠 있었다. 다리의 근조직은 떨림으로 인해 찢어지는 듯했다. 떨림은 등 아래쪽으로 번져 갔고, 그녀의 등 아래에서부터 머리에 이르기까지 쓸고 지나가서 눈썹 바로 위에서 띠 모양으로 둘러지는 것을 느꼈다. 그러자 그녀의 머리는 저절로 움직이기 시작했다. 후에 그녀의 몸은 꾸불꾸불하게 움직였고, 혀는 입천장에 딱 붙어 있었다. 그러자 그녀는 그곳에서 강한 〈옴Oṃ〉음을 느끼게 된다. 쑤시는 고통이 고개 뒤로, 머리 위로 해서 이마로, 얼굴로 번져 갔다. 양쪽 콧구멍은 자극을 받아 마치 코가 늘어나는 느낌을 갖게 되었다. 쑤시는 고통은 얼굴 아래로 내려왔다. 때때로 그녀의 눈은 따로따로 움직이며, 동공은 마치 머릿속으로 파고 들어간 구멍처럼 보이며 중앙으로 쏠려 있다. 그러자 그녀는 머리에 엄청난 중압감과 밝은 빛을 느꼈고, 환희와 미소가 뒤따랐다. 쑤시는 고통은 윗입술로, 턱 끝으로, 입으로 내려왔다. 이때쯤이면 천상의 음악을 꿈꾸게 된다. 그런 후 감각은 목으로, 가슴으로, 배로 이동해가며 실제로 그녀는 척추를 위로 통과해 신체 앞쪽으로 돌아 내려오는 달걀 모양의 회로가 닫혀 있는 것을 느끼게 된다. 과정이 점점 진행되어 감에 따라 회로는 중간에 있는 특별한 챠크라를 활성화시키는데, 복부 하부에서 시작하여 다음에 배꼽, 태양총·심장, 그리고 머리에 있는 센터가 활성화된다. 마지막으로 인후 센터가 활성화된다. 그런 후 에너지가 배꼽 부근을 통과해 계속해서 신체내로 쏟아져

존재의 제단계

0　●　마하빈두Mahābindu(절대적인 무)

9　　운마니Unmanī(최고의식-정신을 초월한) 시바-타트바Śiva-Tattva.

8　　니르바나Nirvāṇa 열반(사마나Samanā)

샥티-타트바
Śakti-tattva

7　　브야피카Vyāpikā(브야피니Vyāpinī)

6　　칼라Kala(샥티Śakti)

5　　난단타Nādānta

음성과 빛의 창조적인 요동

4　　나다Nāda

3　　로디니Rodhinī(니로디카Nirodhikā) 음의 미세 에너지.

2　　아르다칸드라Ardhacandra(아르덴두Ardhendu) 반달의 빛 / 미세 에너지.

1　　빈두(점) 스스로를 투사하는 밀집된 에너지의 덩어리 / 양극 : 0와 무한.

↑

의식의 보다 높은 단계들

↑

무의식으로부터 벗어남

1 아탈라Atala

2 비탈라Vitala

3 수탈라Sutala

4 탈라탈라Talātala

5 마하탈라Mahātala

6 라사탈라Rasātala

7 파탈라Pātāla

● 군달리니 경험을 나타낸 서구의 그림, 현대, 종이에 안료.

● 잠재된 무의식의 영역인 일곱 개의 탈라에서부터 뱀의 힘이 숫아나와 부르로카 (지구)에서 시작하는 상대적인 세계를 통과해 상승한다. 카슈미르 사이비즘에 따르면, 우주는 의식의 보다 높은 단계를 통하여 절대적인 공허, 즉 궁극적인 합일의 영역, 마하빈두(시바-샥티), 모든 생명의 근원이며 본질 그 자체인 것으로 회귀한다.

◀

들어오는 느낌을 갖게 된다. 감각은 회로가 완성되면 중지된다. 이러한 경험을 하면서 성적인 충동 또한 강렬해진다. 이러한 일련의 작용 중 대부분이 몇 달에 걸쳐 일어났다. 마지막 2년 동안에는 이러한 현상이 아주 가끔씩, 대부분은 명상중이거나 또는 침대에서 쉬고 있을 때 일어났다.

『군달리니를 경험하는 동안에는 자연스럽게 요가식의 호흡(거의 느낄 수 없고 제어된)을 하게 되었다. 실제로 머리에 중압감이 더 커지는데 머리 뒤쪽과 꼭대기, 또 이마 사이에 중심이 잡힌다. 이러한 중압감은 특히 책을 읽을 때 심해지며, 결국 눈 주변에 장애를 일으키며 정수리에서 맥박이 뛰는 느낌을 갖게 된다.』

『머릿속에서 울리는 시끄러운 소리는 실제로 사라졌다. 이러한 경험을 하는 동안 그녀는 군달리니를 상승시키는 일을 하고 있다고 이해했는데, 전에 이에 관계된 책을 읽었기 때문이다. 그래서 그녀는 편안한 마음으로 그것을 대했고, 어떠한 현상이 나타나기를 기다렸다. 그러나 그녀는 정서적으로 몹시 동요되었으며, 이러한 경험을 그녀의 일상활동과 조화시키는 데 많은 어려움을 겪게 되었다.』

『에너지가 유입된 이후로 몇 달 동안 정상적인 잠을 잘 수가 없었고, 낮에도 마찬가지여서 일의 능률이 떨어졌고, 마치 그녀와는 완전히 별개로 분리되어 그녀 자신의 행동들을 목격하는 것 같았다. 마침내는 이러한 모든 상황을 통제할 수 있게 되었는데, 엄청나게 고양된 직관적인 성찰과 함께 더 많은 정신적인 안정을 구하고 긴장을 제거했던 것이 제대로 효과를 발휘했다.』

사넬라 박사는 생리적인 군달리니가 작용하고 있는 환자가 갖는 이 점에 대해서 다음과 같이 썼다. 『각자가 경험하게 되는 경우들을 스스로의 기준에 합당하게 구축하는 일을 환자들이 성공적으로 해내고 있다. 그들 모두 더 쉽게 스트레스를 통제하며, 다른 사람과의 관계에 있어서도 이전보다 훨씬 더 충만한 것이 되었다고 보고한다. ……그러나 초기단계에서는 경험 그 자체가 주는 스트레스 때문에 스스로에게나, 또는 다른 사람들에게 끼치는 부정적인 면이 배가되며 이것을 이기지 못하고 압도되어 심각한 이상상태를 야기시키기도 한다…….』

『군달리니의 상승 진행으로 생기는 증세들은 시간이 흐르면 자연스럽게 사라진다. 이는 순화시키는 또는 제어하는 과정이기 때문에, 또한 각개인마다 군달리니가 제거해야 할 이러한 종류의 불순물의 양이 한정되어 있기 때문에 이 과정은 자기 한정적일 수밖에 없다. 그러므로 동요를 일으키는 것처럼 보이는 것은 사실 병적인 현상이 아니라, 오히려 잠재되어 있는 병적인 요소를 제거하는 작업인 치료받는 것이 된다. 군달리니 힘은 자연스럽게 정신의 심층에서 떠오르며, 그래서 자기 제어적인 것이다. 따라서 긴장과 불균형은 군달리니의 상승에서 비롯된 것이 아니라 그것과 충돌하는 의식 또는 무의식에서 기인한다. 사람에게서 무슨 일이 일어나는지 이해하고 받아들이도록 도와 주는 일이 아마도 우리가 할 수 있는 최선의 일이 되리라 생각한다.』

『보통 이 과정은 좌반신에서 시작되기는 하지만 고유의 본성적 속도와 균형을 맞추려 한다. 그러나 이미 너무나 빠르게 또 격렬하게 진행되어진 경우라면 경험상으로 엄격하게 식사를 조절한다든가, 명상에 더 집중한다든가, 격렬한 육체적인 활동을 하여 과정을 진행시키는 조치를 취하는 것이 좋다.』

『생리적인 군달리니의 상승작용이 아주 쉽게 활성화되는 사람들과 쉽게 격앙되고 동요받는 사람들은, 물질의 구성상 아주 특별한 감각 신경계를 갖고 있다. 군달리니를 경험하는 대다수의 사람들은 깨어나기 전에 어떤 심리적인 경험을 하게 된다. 생리적인 군달리니를 경험할 때 너무도 격렬하게 물리적인 현상이 나타나기 때문에, 보통은 군달리니의 상승을 심화시키는 정규적인 전통 명상 수행법을 따르지 않으려 한다. 대신에 명상을 삼가거나, 또는 그들 스스로가 고안해낸 더 온화한 형식의 것을 받아들이고 있다. 그러나 이들이 느끼는 불안의 대부분은 생리적인 군달리니의 상승과정에 대한 오해와 무지 때문에 생겨난다고 볼 수 있다. 공포감을 키우기보다는 더 풍부한 지식과 신뢰감을 가지고 이러한 진행과정이 가장 안정되고 자연스런 속도에 맞춰 이루어질 수 있도록 해야 한다.』[33]

● 존재의 제단계를 극복한 후의 요가 수행자의 미세신에서 일어나는 정신적 에너지의
폭발, 남부 인도 지방, 1900년경, 종이에 안료.

D. 탠슬리Tansley는 최근 주로 인간 유기체 안의 에너지와 미세 역장의 이용에 관련된 〈방사선〉 진단법에 대해 보고하고 있다. 그는『챠크라는 고통이 심한 사고로 인해 손상받을 수 있으며, 특히 돌발적이고 예기치 못한 감정적인 쇼크로도 상처받게 된다』고 썼다. 끊임없이 괴롭히는 공포나 불안으로, 늘 피곤에 지친 활동으로 기능상의 균형이 교란받을 수 있다. 챠크라는 폐쇄된 상태로 흔히 발견되며 에너지가 유입되는 점에서나 또는 에너지가 빠져 나와 미세체로 흘러 들어가는 점에서도 마찬가지다. 입구가 폐쇄되면 유입된 에너지는 흔히 영적인 또는 정신적인 단계에 있는 근원점으로 되돌아간다. 이러한 원인으로 심리학적인 문제와 내분비계의 이상이 생긴다. 만일 출구가 막히게 되면 에너지는 계속 쌓여서 이로 인해 형성된 충분한 압력으로 적당한 내분비선을 자극하게 된다. 이 때문에 내분비계의 기능에 이상이 생기고 주목할 만한 신체적인 또 정신적인 문제가 발생한다.[34)]

방사선을 응용한 치료법의 발달은 1933년에 시작되었으며, 고 G. de la 바르Warr와 그의 부인이 1945년부터 옥스포드에 있는 그들의 실험실에서 이를 더욱 발전시켰다. 1972년 D. 탠슬리는 방사선학을 챠크라와 관련시켜 연구했다. 그는 다음과 같이 지적했다.『챠크라는 의사들에게는 무척이나 중요한 것인데, 왜냐하면 이것들이 바로 물리적인 육신에 활력을 주는 기능을 하는 에너지를 받아들이는 중심점이기 때문이다. ……이러한 센터들은 교란시키는 힘과 유사하며, 사람에게 역동적인 힘과 특징적인 에너지를 제공해 준다. 이것들은 사람의 외모에 결정적인 영향을 끼치며 계속되는 작용으로 사람의 성격상의 경향이 나타난다.』[35)]

방사선을 쪼이면 생명체든 비생명체든 모든 대상에서 에너지가 방출되는 것이 발견되었다. D. 탠슬리는 방사선 기기인 〈마크Ⅲ 센터〉를 개조하여 눈에 보이지 않은 구조를 하고 있는 챠크라를 직접 다뤘다.『수 년 동안의 연구로 방사선학은 신체의 중요한 에테르상의 〈전송국〉—챠크라뿐만 아니라 신체내계로 들어오는 특수한 질병의 특수 진동수(또는 률)를 숫자로 표기하는 목록을 작성할 수 있게 되었다. ……이 점에서 방사선 기기는 20세기의 심령술을 위한 장치라 할 수 있으며, 전기 〈크리스탈 볼〉은 인간의 직

●물라다라, 땅에서부터 사하스라라, 종자 만트라인 옴Oṃ으로 상징되는 합일에 이르는
의식의 상승하는 단계들.

관적이고 또한 이성적인 능력들을 똑같이 해방시켜 준 도구다. 따라서 방사선학은 과학과 신비학의 영역의 융합이 심화된 점으로 협소한 연결점이지만, 이를 통해 내적인 지식의 분야가 발전하는 것을 기대해볼 수 있다.』[36]

〈불순물〉, 또는 〈불균형〉, 또는 〈폐쇄〉 등이 객관적으로 존재하는 것이라면 이는 반드시 증명할 수 있어야 하며, 사넬라 박사는 생리학적이고 심리학적인 실험을 하여 임상학적으로 관찰된 특별한 징후나 징표를 제거하는 것과 연관시켜 생각해 볼 것을 주장한다. 『우리는 H. 모토야마Moto-yama의 전기장 센서 또는 〈챠크라 측정 장치〉를 사용하여 한 가지 흥미로운 실험을 했다.』 피실험자가 조용하게 이 기계 안에 앉아 있을 때는 보통의 달걀형 파형을 그리는 것을 관찰할 수 있었다. 깊은 명상에 빠진 몇 분 후에, 아마도 그가 초월하고 있다고 느끼는 그 순간에, 갑자기 달걀형 파형이 축소되는 것이 나타났으며, 그리고 이에 상응하여 진폭이 커져 고주파의 띠가 나타났지만 실험을 하고 있던 어느 누구도 이를 감지할 장비를 갖추지 못했다. 놀랍게도 이 새로운 파형은 주파수가 350Hz에서 500Hz에 있는 것으로 정상적인 달걀형 파형의 주파수 범위 0−50Hz보다 훨씬 높다. 이러한 고주파의 달걀형 전파는 특별한 명상단계의 지표로, 또 육신 외의 경험, 또는 의식의 양재兩在함의 생리학적인 지표로 쉽게 측정될 수 있다. 이렇게 된다면 수 세기 동안 신비와 환상에 찬 피실험자야말로 이제는 연구원들의 새로운 개척 분야가 되는 것이다.[37]

그러나 아직은 걸음마 단계의 연구만이 행해지고 있다.

그러나 연구와 조사작업이 계속되는 동안 꼭 명심해야 할 중요한 사실 두 가지가 있다. 하나는 명상 수행법에 익숙하지 않은, 그래서 스스로에게 나타나는 증상을 이해할 길도 제어할 길도 찾지 못하는 사람들만이 공포감을 느낀다는 사실이다. 나머지는 명상 그 자체가 자극이 왔을 때 이에 반응하는 그 어떤 것이 아니라는 사실이다. 명상 수행은 체계적이고 의지를 가지고 의식을 변조하여 신체를 그것의 본성과 또 대우주와 조화시키는 행위이다. 이러한 초보적인 특성의 중요성은 군달리니에 대한 모든 고대 문헌에 명백하게 나와 있으며, 아무리 강조해도 지나칠 수 없는 것이다.

서구에서도 많은 혼란이 따랐지만 군달리니를 체험하는 사람들이 점점 늘어나고 있는 중이며, 아직까지 군달리니의 상승과정을 제어할 만한 경험도 없고 그 방향을 정립한 바도 없지만, 의학적이고 정신치료적인 차원으로, 새로운 세대의 치료기관으로 관심을 가지게 되었다. 많은 수행자들이 스스로 익힌 군달리니 요가를 수행하면서 생기게 될 위험의 가능성에 대해 걱정하고 있다. 유능한 스승이 체계적인 수행법으로 사람을 향상시키는 데 많은 도움을 주는 것도 사실이지만, 어디까지나 책임은 종국적으로 스스로의 품 안으로 달려온다. 무엇보다도 내부의 에너지와 함께 조화되며, 이를 제어하는 법을 배워야 한다.

❃　　　　　❃

군달리니의 깨어남을 한번 경험하게 되면, 일생 동안 이는 영원히 사라지지 않는 요소로 남아 있게 된다. C. G. 융은 이렇게 쓴다.『이것은 진정으로 끊임없이 발전하는 것이다. 한번 이 경지에 이르면 영원히 놓치지 않는 것이라서 갑자기 튀어오르지도 가라앉지도 않는다. 말하자면 물라다라에 있다가 물의 요소(스바디스타나)에까지 다다랐다. 그런 후에 명백히 돌아오게 된다. 그러나 이것은 회귀한 것이 아니고, 회귀했다고 하는 하나의 환영에 불과하다. 당신은 무엇인가를 무의식에 있는 자아에게 남겨둔 것이다. 누구도 무의식에 그 자신의 일부를 남겨 놓지 않는 한 그것과 접촉할 수 없다. 당신은 어쩌면 그것을 잊어버리거나 억제할 수는 있겠지만 경험을 상실해 버리지는 못한다.』[38]

최고의 경지에 도달해 〈의식을 초월한 상태〉에서는 합일이 이루어지며, 스스로가 자신을 창조를 통해 표현하기를 원한다면 실제로 하강해야만 하며, 창조가 완성되었을 때는 다시 한번 자신의 진정한 실체 즉 절대자와의 융합으로 회귀하려는 열망을 갖게 된다.

● 군달리니 에너지 시스템

순수원리
대우주적인 의식

마하빈두MAHĀBINDU(공)

또는

니르구나 브라흐만Nirguṇṇa Brahman　◯　파라마시바Paramaśiva

절대적 / 궁극적인 실재

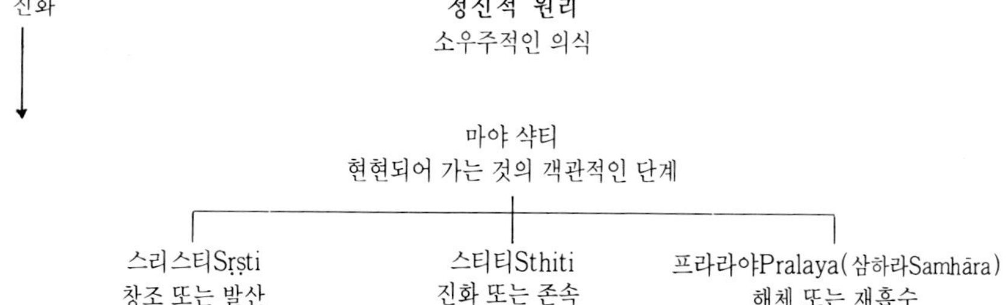

사트Sat —시트Cit —아난다Ānanda
존재 —의식 —희열

혼재

사다시바Sadaśiva　　　　이스바라Isvara　　　　수다비드야Saddhavidya
의지　　　　　　　　　　진동　　　　　　　　　행위

진화

정신적 원리
소우주적인 의식

마야 샥티
현현되어 가는 것의 객관적인 단계

스리스티Sṛṣti　　　　스티티Sthiti　　　　프라라야Pralaya(삼하라Samhāra)
창조 또는 발산　　　진화 또는 존속　　　해체 또는 재흡수

다섯 개의 칸추카Kañchuka 또는 장막, 한계적인 원리를 통해 각각을 구별하는 감각이 생기게 된다.

칼라Kāla : 우주의식의 부분적 현현 / 한계

비드야Vidyā : 무지, 겉모습뿐인 세계의 거짓 지식

라가Rāga : 식별력, 다른 주파수를 구별해낸다.

칼라Kāla : 시공간의 작용

니야티Niyati : 운명의 전개

물질적인 원리
물질적인 우주

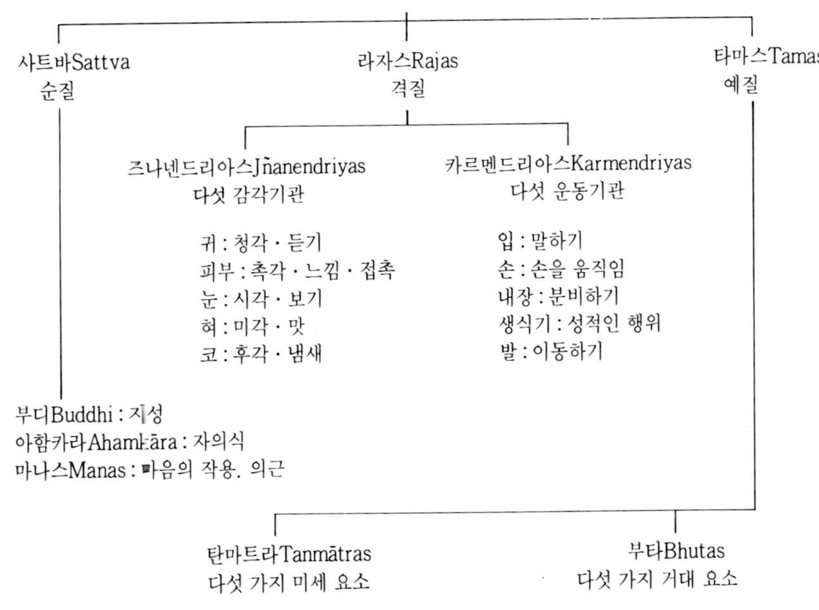

용어해설

ABHAYA아바야 : 똑바로 세운 무드라Mudrā, 공포를 몰아내고 보호해주며 은혜를 베
푸는 손 모양이다.

ABSOLUTE : (절대), 최고의 실재, 초월적인 신성한 원리.

ADHIKĀRA아디카라 : 직권상의, 정신적인 권위.

AGNI아그니 : 불의 신, 물질세계를 이루는 거대 요소들 중의 하나. 화火.

AIRĀVATA아이라바타 : 여섯 개의 코를 가진 천상의 백색 코끼리, 베다의 신인 인드
라Indra의 승물 역할을 한다.

ĀJÑĀ아즈냐 : 〈통제〉를 의미, 여섯번째의 챠크라로 미세체의 양미간에 위치한다. 주요
챠크라로 이 센터에서 의식이 개인적인 경험을 초월하게 된다.

ĀKĀŚA아카사 : 순수의식의 영역, 에테르상의 공간, 다섯 개의 우주적 요소 중에서 가
장 미세하며 음의 원리를 제어하는 다섯번째 챠크라 비슈다Viśuddha와 관계하고 있다.

ĀNAHATA아나하타 : 〈감지할 수 없는〉을 의미. 미세체의 심장 부근의 챠크라.

ĀNANDA아난다 : 초월적인 기쁨, 즐거움의 근본원리, 정신적인 황홀.

ĀNANDAMAYA아난다마야 : (코사Kośa), 근원체, 모든 것을 초월하는 기쁨에 찬 의
식의 영역에서 〈즐거움을 형성하는〉 가장 미세한 각.

ANANTA아난타 : 〈무한한〉을 의미, 뱀, 세샤. 달리는 거대한 나가Nāga(Nāga=뱀)와
동일시되는 경우가 많으며, 1천 개의 머리를 뻗어 거대한 뚜껑 모양을 하고 있어 그의
또아리에 기대어 잠들어 있는, 무의식의 원형으로서 비쉬누의 침상같이 보인다.

ANNAMAYA–KOŚA아나마야–코사 : 다섯 가지 거대 요소, 또는 부타Bhūta—지
地·수水·화火·풍風·공空—로 만들어진 〈거대〉체(스툴라 사리라Sthūla Śarīra)의
〈음식물 형상〉의 각, 거대 요소들은 죽은 후에 다시 태초의 상태로 해체된다.

ANUSVĀRA아누스바라 : 산스크리트 알파벳이 비음화한 확장음. 발성되지는 않지만
〈진동〉하며 알파벳의 다른 글자와 결합하여 발음이 가능해진다. 빈두를 상징하는 점
이 안에 찍혀 있는 반원형으로 상징된다.

APĀNA아파나 : 숨으로 전해지는 에너지 중의 하나로 아래로 향해 움직이며, 복부 하
부의 생명의 숨을 제어한다. 불의 요소와 연계되어 있는 하향성의 공기.

ARDHACANDRA아르다칸드라 : 아즈냐 챠크라 위의 음성의 단계, 숙련된 수행자가
겪었던 차별적인 경험들이 아즈냐 챠크라에서 상승한 음성의 단계에서는 점차로 소멸
해 버린다. 아르다칸드라의 공명은 반달로 상징된다.

ARDHVANĀRĪŚVARA아르드바나리스바라 : 시바-샥티의 자웅동체적인 모습으로 남성과 여성이 한몸에 있는 특이한 모습을 하고 있다. 모든 남성과 또 모든 여성은 그 자신 또는 그녀 자신 안에 남성 원리와 여성 원리 모두를 담고 있다.

ĀSANAS아사나 좌법 : 요가 수행의 자세, 균형과 마음의 평정을 얻는다.

AŚVANI아스바니 : 무드라(또는 반다=긴축) 내부기관을 응축시켜 신체의 신비의 구멍을 막아 주요 센터를 제어한다. 요가식 자세를 계속 취하고 있는 동안 은밀하게 행해지는 내적인 작용.

BĀNA-LINGA바나-링가 : 링가Linga 참조.

BANARAS바나라스 : 또는 바라나시Vārānasī. 갠지즈Ganges 강에 위치한 인도의 성도 중의 하나.

BANDHAS반다 : 〈긴축〉을 의미, 요가 무드라 또는 아사나에서는 근육을 수축시키는 수행법을 때로는 행하기도 한다. 웅크린 자세로 속박되어 있게 되는 중요한 반다로는 물라-반다Mūla-Bandha 〈기부 수축〉, 자란다라Jālandhara 〈망상 속박〉, 우디야나Uḍḍiyāna 〈날기〉 등이 있다.

BHAIRAVĪ바이라비 : 여성 구루, 바이라비의 지도로 입문하는 것을 이상형으로 치고 있다. 챠크라-푸자Chakra-Pūjā 또는 〈원형-숭배〉라 알려진 교합 요가 아사나 의례를 집단적으로 행하는 탄트라 수행법이 있는데, 바이라바-챠크라가 가장 중요하다.

BHAKTI-YOGA박티-요가 : 사랑과 헌신을 통해 깨달음을 얻는 요가, 개인의 선택된 신과 합일을 이루려는 열렬한 소망과 의지.

BHŪTA-ŚUDHI부타-수디 : 의례를 올리는 동안의 물질적인 거대 요소의 정화.

BIJA-MANTRA비자-만트라 : 해해 종자음절로 신 또는 우주의 힘을 상징한다.

BINDU빈두 : 형이상학적인 점. 샥티, 에너지가 집적된 덩어리로 하나의 점으로 흡수되어 창조를 준비한다.

BRAHMĀ브라흐마 : 창조자, 브라흐마는 힌두교의 우주관에서는 우주의 창조와 관계하고 있다.

BRAHMĀ KNOT : (브라흐만의 속박), 미세체내의 정신적 한계. 군달리니가 상승할 때 이러한 속박이 해소되기 위해서는 통일의 과정이 완성되어야 한다.

BRAHMA-NĀḌĪ브라흐마-나디 : 중앙의 정신적 회로, 스쉼나Sushumṇā, 이를 통해 군달리니의 상승이 일어난다.

BRAHMAN브라만 : 궁극적인 실재, 순수의식으로 모든 유전하는 것에 흐르고 있는 불변의 원리.

BRĀHMAṆĪ브라흐마니 : 19세기 인도의 위대한 성인인 라마크리슈나Ramakrishna (1836-1886)의 여성 스승.

BRAHMA-RANDHRA브라흐마-란드라 : 사하스라라 챠크라, 정수리 바로 위에 있으며 힘의 의식인 군달리니가 순수의식과 합일되는 곳이다.

CHAITANYA챠이탄야 : 순수의식. 기쁨으로 충만한 우주의식과 개개의 의식들이 융합되는 것이 개인적인 의식의 궁극적 목적이다.

CHĀKINĪ ŚAKTI챠키니 샥티 : 또는 라키니 샥티Rākinī Śakti, 스바디스타나 챠크라 Svādhisthāna chakra의 주재신인 비쉬누의 힘을 말한다.

CHAKRAS챠크라 : (또는 Cakras), 〈바퀴〉 또는 〈원〉이라는 뜻으로 인간 신체의 미세 체내의 척추를 따라 위치해 있는 에너지의 정신적 센터를 지칭하는 용어이다. 일반적으로 연꽃으로 상징된다.

CHAKRA-PŪJĀ챠크라-푸자 : 〈원형-숭배〉라는 글자뜻. 합일을 위한 집단적인 의례. 탄트라 입문자들이 원형으로 무리를 지어 행한다. 이 의례를 판차-마카라Pancha-Makāra, 오마사五摩事 또는 다섯 가지 M의식이라고도 하는데, 의례에 쓰이는 다섯 가지 요소 때문에 이렇게 불린다.

CHITRINĪ치트리니 : 스쉼나 나디 안에 있는 미세 회로 중의 하나. 스쉼나 나디는 근본 챠크라인 물라다라에서 시작되는 주요 회로이다.

CIT-ŚAKTI시트-샥티 : 힘으로서의 의식, 최고의 에너지, 순수의식으로서의 시바의 여성 파트너.

COSMIC CONSCIOUSNESS : (우주 의식), 챠이탄야 참조.

COSMIC CYCLE : (우주의 주기), 유가Yuga의 연속, 인도인들은 역사적인 시간의 개념을 생각한 것이 아니라, 〈유가〉 또는 햇수로 나타내는 주기적인 시간의 개념을 고안했다. 완전한 우주의 한 주기는 각기 다른 햇수의 단위가 4번 연속된다. 각각의 대유가(Mahā-Yuga)의 말에는 라야Laya, 또는 해체라는 우주적인 사건에 세계는 휘말리게 되는데, 새로운 창조를 위함이다. 이러한 단계를 스리스티Sṛṣṭi, 방사 또는 창조라고도 하는데, 뒤이어서 스티티Sthiti, 진화 또는 보존의 단계가 따른다. 그리고 삼하라 Saṃhāra, 〈해체〉의 단계를 밟게 되는데──우주적인 사건은 이러한 주기의 연속으로 구성된다.

COSMIC MAN : (우주적인 인간), 태초의 근원적인 인간으로 푸루샤Purusha로 알려졌다. 배우자는 근원인 여성 비라즈Virāj, 또한 프라크리티Prakṛiti, 또는 본성이라고도 한다.

ḌĀKINĪ다키니 : 기부 센터인 물라다라 챠크라의 주재신인 브라흐마의 〈에너지〉(샥티).

DAKSHINĀCHĀRA다크시나챠라 : 판차-마카라Pancha-Makāra의 〈우도右道적인〉 탄트라 수행법으로 다섯 가지 요소가 은유적으로 쓰여진다. 마디야Madya(酒)는, 〈좌도左道적인〉 수행법에서는 글자 그대로 취함을 말하지만 코코넛 밀크로 표현되며, 〈독소적인 지식〉을 상징한다. 망사Māṁsa(肉)는 생강 또는 무로 대체되며, 말의 조정을 함축하고 있다.(ma는 혀를 의미한다.) 맛샤Matsya(魚)를 대신해서 이다Iḍā와 핑갈라Piṅgalā(중앙의 미세 회로인 스쉼나의 양편에 있는 미세 회로)에 흐르는 두 가지 생명의 순화에 집중한다. 무드라Mudrā(穀物)를 좌도와 우도 수행중에 먹으며, 정신이 집중된 요가적인 상태를 상징한다. 마이투나(성교의례) 대신에 두 가지의 꽃을 사용하는데, 링가Liṅga와 요니Yoni를 나타내며, 창조라는 태초의 행위에 대한 명상을 상징한다.

DAKSHINA MĀRGA다크시나 마르가 : 다크시나챠라Dakshiṇāchāra 참조.

ETHERIC DOUBLE : (에테르상의 자아), 미세체. 인간의 육신에는 그것의 물질적인 틀 안에 미세한 우주의 모든 단계가 포용되어 있다고 한다. 물질적인 존재를 초월하여 미세체를 형성하는 동가의 〈에테르상의 자아〉를 말한다. 미세한 각(껍질)들은 몇 개의 정신적 중심점에서 거대 신체와 상관하고 있다.

FEMALE PARTICIPANT : (여성 수행자), 교합 요가의례를 행하는데 참여하는 파트너로 샥티가 반영된 존재로 여겨진다. 또한 성스런 에너지로서 역할하며, 이것이 없이는 탄트라 아사나Āsana 수행은 성공할 수 없다.

FEMALE PRINCIPLE : (여성 원리), 〈성스러운 여성〉은 여성임의 총체적인 본성, 다양한 양상의 모든 샥티의 본질을 대표한다. 샥티는 여성 원리, 또는 궁극적인 실재의 동적인 표현, 모든 창조에 스며 있는 에너지이다.

GRANTHIS그란티스 : 정신적 속박 물라다라Mūlādhāra, 아나하타Anāhata, 아즈냐Ājñā 세 개의 챠크라는 각각 브라흐마·비쉬누·루드라 속박과 관계해 있으며, 정신적 장애를 링가Liṅga라고 부르는데 —스바얌부Svayaṁbhu·바나Bāṇa·이타라Itara 링가—군달리니의 상승과정중에 극복된다.

GURU구루 : 정신적 지도자. 비전祕傳되는 진리는 수행자들을 입문시켜 깨달음에 이르게 하는 다양한 기술을 익히도록 할 수 있는 권위가 있는 스승에 의해서만 전해질 수 있다.

HA하 : 샥티의 상징, 반면에 〈A〉는 시바의 상징이다.

HĀKINĪ하키니 : 또는 Siddhakālī시다칼리, 아즈냐 챠크라의 주재신 파라마시바Paramaśiva의 에너지.

HAṂ함 : 비슈다 챠크라의 종자 만트라.

HAṬHA－YOGA하타－요가 : 심신의 힘을 개발하는 방법으로, 주로 신체와 신체의 힘 또 신체의 기능을 제어하는 방법에 의지한다. 음절 하ha는 태양을, 타tha는 달을 의미하며, 이것들이 합쳐져서 인간 개개인의 양극성을 상징하게 된다. 하타－요가에서는 궁극적인 목적에 이르기까지 여덟 단계를 설정하고 있다. (1)야마Yama, 제어. (2)니야마Niyama, 내부의 조정. (3)아사나Āsana, 좌법. (4)프라나야마Prānāyāma, 호흡 조절. (5)프라티아하라Pratyāhāra, 감각의 통제. (6)드하라나Dhārana, 묵상. (7)디야나Dhyāna, 명상. (8)사마디Samādhi, 삼매경.

HIMĀLAYAS히말라야 : 〈히마－아라야Hima－Ālaya〉, 〈눈의 땅〉에서 유래, 산맥의 광대한 줄기는 인도의 역사·신화·예술 그리고 종교에 막중한 역할을 한다. 신비스런 능력이나 위대한 지식을 가진 〈리시Rishies〉 또는 현인·요가 수행자·성인 들은 히말라야 산맥에 은거하여 명상에 빠지곤 한다.

IḌĀ이다 : 백색의 〈달의〉 미세 회로 또는 나디Nādī, 중앙의 회로 스쉼나를 휘감아서 왼쪽 콧구멍에서 끝난다.

INDRA인드라 : 《리그 베다 *Rig Veda*》에서 가장 유명한 신, 그에 대한 숭배는 아리안족이 인도의 오지에까지 세력을 확장해 간 때와 일치하는 것으로 보인다.

ITARA LIṄGA이타라 링가 : 링가Liṅga 참조.

KĀKINĪ ŚAKTI카키니 샥티 : 심장 부근에 있는 아나하타 챠크라의 주재신 이샤Ishā
의 에너지.

KĀLĪ칼리 : 신으로서의 샥티, 자연의 생산적이고 파괴적인 면을 상징한다. 칼리는 영원
한 시간(칼라Kāla)의 역동적인 힘의 상징으로, 이러한 점에서 그녀는 생명의 씨가 무
를 통해 생겨나는 그러한 공을 의미한다. 그녀는 공포와 사랑을 동시에 일으킨다.

KARMA-YOGA카르마-요가 : 행위의 요가로 행동을 통해 해탈에 이를 수 있다고
한다.

KHECHARĪ케챠리 : 〈공기의 움직임〉을 의미, 혀를 뒤로 당겨 후두에 넣는 무드라로
콧구멍으로 통하는 구멍을 막아 상승한 군달리니가 사하스라라에 머무른 다음, 〈생명
의 액〉이 아래로 흐르게 하기 위함이다.

KOŚAS코사 : 각. 인간 존재는 수많은 껍질 또는 코사, 즉 밀도가 감소하는 층들로 이루
어졌다고 생각된다.

KRISHṆA크리슈나 : 힌두교 판테온 중 가장 유명한 신, 《바가바드기타 *Bhagavadgītā*》
에 그의 교리가 나와 있다.

KRIYĀ크리야 : 〈행동〉의 과정.

KUMBHAKA쿰바카 : 숨을 들이쉬는 어느 순간에 잠시 동안 호흡을 멈춤.

KUṆḌALINĪ군달리니 : (군달리니-샥티, 쿨라-군달리니Kula-Kuṇḍalinī, 불의 군달리
니, 태양의 군달리니, 달의 군달리니, 생리적 군달리니), 물라다라 챠크라에 있는 우주적
인 여성에너지.(샥티) 모든 의식을 초월하는 면에서 군달리니는 쿨라Kula로 현현되
며, 물라다라에서 아나하타에 이르기까지는 불의 군달리니, 아나하타에서 비슈다까지
는 태양의 군달리니, 비슈타에서 스쉽나-나디의 끝에까지는 달의 군달리니로 현현한
다. 군달리니의 상승과 확장된 의식의 경험을 목적으로 하는 다양한 수행방법을 군달
리니-요가라 한다. 서구의 연구자들은 이러한 현상에 대해 〈생리적 군달리니〉 모델
을 제시하면서, 그들이 관찰한 것들을 설명하려 한다.

KŪRMA쿠르마 : 거북, 신성한 비쉬누의 화신, 불멸의 생명액을 추출해내기 위해 대양
을 뒤흔드는 동안 이러한 형상을 취한다.

LĀKINĪ ŚAKTI라키니 샥티 : 마니푸라Maṇipūra 챠크라와 관계하고 있는 루드라
Rudra 신의 에너지.

LAṂ람 : 척추 기부의 근본 센터인 물라다라 챠크라의 종자 만트라.

LAYA라야 : 라야-요가, 〈흡수〉, 이것의 목적은 개개인의 의식과 개인이 명상하고 있
는 신성한 대상과의 융합이다.

LIṄGA링가 : (스바얌부 링가, 바나 링가, 이타라 링가, 링감Liṅgam) 일반적으로 남근을
의미, 교리적으로는 생성과 해체의 과정을 밟고 있는 우주 전체가 담겨 있는 미세 공
간. 리li는 해체, 감gam은 활동·진화를 의미한다. 스바얌부·바나·이타라 링가는
정신적 장애로 군달리니-요가를 수행하는 중에 극복된다.

LOTUS PETALS : (연꽃잎), 챠크라의 일상적인 상징적 표현, 고유의 연꽃잎 수에 맞
게 꽃잎에 새겨져 있는 산스크리트 글자들은 별개의 챠크라에 작용하는 다양한 에너

지의 강도를 나타낸다.

M : 마디야Madya · 망사Māṃsa · 맛샤Matsya · 무드라Mudrā · 마이투나Maithuna, 판차―마카라Pancha―Makāra(다섯 가지 M의식)의 다섯 가지 요소. 좌도적인 의례를 따르는 사람은 글자뜻 그대로의 요소들을 이용한다. 차크라―푸자, 다크시나차라 참조.

MADHYAMĀ마디야마 : 감지할 수 없는 형태의 우주음, 거대 세계로 현현되기 전의 선구체.

MAHĀBINDU마하빈두 : 초음파의 또 우주 이상의 공, 카슈미르 사이비즘에 따르면 궁극적인 실재는 순수의식, 즉 파라마시바Paramaśiva 또는 파라빈두Parābindu, 또는 마하빈두Mahābindu이다.

MAHĀMUDRĀ마하무드라 : 교합 요가 아사나로 〈대좌大坐〉로 알려졌다. 수행자는 왼발 뒤꿈치를 회음부를 향해 접어 앉아 양손으로 오른발을 잡고서 오른다리를 쭉 편다.

MAKARA마카라 : 동물 형상의 상징으로 악어와 비슷한 바다괴물, 스바디스타나 챠크라와 연관되어 있다.

MAṆIPŪRA마니푸라 : 세번째 챠크라, 태양신경총 근방에 있으며 불의 요소와 관계한다.

MANOMAYA마노마야 : 차별적인 단계의 한 껍질, (각). (코사Kośas 참조.)

MANTRA만트라 : 만트라 샥티. 신성한 음, 음의 힘 샥티가 있다고 하는 원리에 기초한다. 이것으로 인해 마나나Manana, 또는 궁극적인 것의 반영이 유도되며, 트라나Trāṇa, 또는 생명의 윤회함이 멈추게 된다.

MATSYA맛샤 : M 참조.

MĀYĀ마야 : 현상세계의 구별과 한계로 궁극적 실재를 가려 버림.

MUDRĀ무드라 : 요가식 손 모양, 또는 자세.

MŪLĀDHĀRA물라다라 : 미세체의 척추 기부에 있는 근본 챠크라.

NĀDA나다 : 현현에 이르기 전의 우주의 소리, 아나하타 나드Anāhata Nād는 스쉼나에서 경험하게 되는 〈감지할 수 없는〉 음이다.

NĀDĀNTA나단타 : 음과 빛의 창조적인 충격. 자이데브 신Jaidev Singh 박사는 《시바 수트라 Śiva Sūtras》(카슈미르 사이바Kashmir Śaiva 경전, p.12)에서 궁극적인 음, 프라나바Praṇava(옴Oṃ)에 대한 강한 인식에서부터 아홉 단계의 요가수행을 거쳐 미세한 음의 형태인 나다Nāda, 즉 아홉 가지 나다(p.124 참조)를 경험하게 된다고 설명한다. 처음으로 보는 〈환영〉이 아르다 마트라Ardha Mātrā라 알려진 빈두 (1)이다. 다음으로 아르다칸드라Ardhacandra (2)로 이전 단계보다 더 미세하다. 연속된 단계는 이전 단계보다 더 미세해진다. 로디니Rodhinī (3), 나다Nāda (4), 나단다Nādānta (5), 샥티Śakti (6), 브야피니Vyāpinī (7), 사마나Samanā(또는 니르바나Nirvāṇa) (8), 운마나Unmanā 또는 운마니Unmanī (9) 등 운마니는 의식의 최고단계다. 사마나에 이르기까지는 오직 본질적인 자아(아트마―브야프티Ātma―Vyāpti)만을 깨달을 수 있다. 운마니 단계에 이르러서야 형이상학적인 자아뿐만 아니라 자아(시바―브야프티Śiva―Vyāpti)의 일면으로서의 세계를 깨닫게 된다. 세마라자Kṣemarāja(10세기의 주석가)는 (《시바―수트라 Śiva―sūtra》의 3절 7경에서) 운마니에 이르

기 전까지 차별과 한계로 인해 실재가 가려지는 마야의 농간이 계속된다고 한다. 오직 운마니 단계에서만 마야의 방해가 완전히 그친다.

NĀDĪS나디 : 미세체의 통로, 이를 통해 생명의, 숨의 또 영적인 순환이 흐르게 된다.

NĀRĀYAṆA나라야나 : 비쉬누의 이름, 나라Nara, 태초의 근원인 인간 또는 나라Nā-ra, 우주의 대양, 운동의 장에서 유래되었다.

NĀTHA YOGIS : (나타 요가 수행자), 10세기에 북부 인도 지방의 신과 같이 뛰어난 요가 수행자가 있었는데, 그를 따르던 성인들은 나타라는 직함을 가졌다. 나타 요가 수행자들은 대개 사이바이트Śaivites(시바의 추종자들)이며, 요가식 육체언어를 개발하여 초자연적인 힘을 얻으려 한다.

NIRVĀṆA니르바나 : 나단타Nādānta 참조.

NYĀSA니야사 : 인식을 확장하는〈감정이입 증진〉법, 니야사라 알려진 탄트라 의례에서는 감각-인식 영역에 손끝을 올려 놓으므로써 신체의 일부분을 극도로 민감하게 만든다.

OJAS오자스 : 오자스 샥티Ojas Śakti, 에너지(샥티)·생명력·신체를 형성하는 모든 물질의 본질로 신체 전체에 스며 있으며, 정신적인 잠재력과 중요하게 관계한다.

OṂ옴(A-U-M) : 모든 종자 음절과 모든 만트라의 기원 중에서 가장 강력하다. 깨달음에 이르는 열쇠.

PADMĀSANA파드마사나 :〈파드마Padma〉는〈연꽃〉을 의미, 요가식 좌법으로 양다리를 꼬고 앉는데 오른쪽 발은 왼쪽 허벅지에 왼발은 십자로 오른쪽 다리에 꼬아 올려놓고, 양발바닥을 위로 향하며 손으로는 발가락을 쥔다.

PAÑCHA-MAKĀRA판차-마카라 : M 참조.

PARĀ파라 : 현현되지 않은 음. 의식의 최고 단계.

PARĀBINDU파라빈두 : 마하빈두Mahābindu 참조.

PARAMAŚIVA파라마시바 : 마하빈두 참조.

PASHYANTĪ파시얀티 : 생성되어 귀에 들리는 소리로 계속되는 음의 반향으로 전달된다.

PATAÑJALĪ파탄잘리 : 산스크리트어 문법학자(B.C. 300년경)이며, 최초로 요가에 대한 논문들을 체계적으로 편집했다. 파탄잘리의 경經은 네 부분으로 나눠지는데, 사마디 Samādhi·요가 수행법·정신적인 힘·해탈(카이발야Kaivalya)에 대해 논하고 있다.

PIṄGALĀ핑갈라 : 태양의 미세 회로로 신체의 오른편에 있다.

PRAKṚITI프라크리티 : 자연, 창조적인 에너지, 외부적 실재의 근원, 태초의 여성 원리, 푸루샤의 파트너.

PRAṆA프라나 : 프라나-샥티, 영적인 신체에 흐르는 생명의 숨, 생명의 힘, 또는 샥티, 에너지.

PRĀṆĀYĀMA프라나야마 :〈호흡법〉을 의미, 요가식 호흡은 명상 수행에 있어 아주 중요한 역할을 한다.

PRĀṆAMAYA-KOŚA프라나마야-코사 : 미세체내의 껍질(Kośa)로 이 각을 통해 생명의 에너지가 순환하게 된다.

PRANAVA프라나바 : 궁극적인 음, 옴OM, 창조의 기원.

PURAKA푸라카 : 네 단계 호흡 중의 한 단계, 〈채움〉, 또는 얕게 또는 깊게 들이쉼.

PURUSHA푸루샤 : 삼키아Sāmkhya 철학의 제1원리, 보통은 우주의 정신을 나타내며, 여성 원리인 프라크리티Prakṛiti의 파트너.

RĀJA-YOGA라자-요가 : 〈왕도〉 요가로 육적인 수양보다 정신적이고 영적인 것을 더 중시한다. 이것의 목적은 개인을 개인의 정신적이고 영적인 장치의 지배자로 만드는 것이다.

RĀKINĪ라키니 : 차키니Chākinī참조.

RAM람 : 마니푸라 챠크라의 종자음.

RECHAKA레차카 : 얕게 또는 깊게 숨을 내뱉음.

RODHINĪ로디니 : 마하빈두Mahabindu 참조.

RUDRA루드라 : 원래는 여러 가지 모습을 한 베다의 신, 후의 신화에서는 루드라와 시바신이 연관되어 나온다.

RUDRA KNOT : (루드라 속박) 아즈냐 챠크라의 정신적 한계. 군달리니 요가에서는 루드라 속박을 해소하기 위하여 일체임을 깨닫는 이중성이 말소되는 단계에 이르러야만 한다.

ŚABDA-BRAHMAMAYĪ사브다-브라흐마마이 : 궁극적인 실재로서의 샥티로 근본적인 음-에너지 형태를 갖는다.

SADĀŚIVA사다시바 : 비슈다 챠크라의 주재신, 시바의 자웅동체적인 형상을 하고 있다. 궁극적인 실재로서의 시바에서부터 세었을 때 세번째 원리.(Tattva)

SĀDHAKA사다카 : 정신적인 구도자. 수행자로 훈련을 받는다.

SĀDHANĀ사다나 : 정신적인 수행.

〈SĀHAM사함, 내가 그녀다〉 그리고 〈SoHam소함, 내가 그다〉 : 자아의 근본적인 본성을 규정하는 문구로 〈소함〉, 궁극적인 실재와 동일하다.

SAHAJOLI사하졸리 : 비밀스런 무드라Mudrā. 사하자Sahaja는 〈함께 태어난〉을 의미, 요가 수행자의 신체기관을 통해 여성의 〈종자〉를 끌어내어 그의 몸 안으로 들여온다.

SAHASRĀRA사하스라라 : 정수리 위의 최고의 정신 센터로 1천 개의 꽃잎을 가진 연꽃으로 상징된다. 군달리니가 순수의식인 시바와 합일되는 장소다.

ŚAIVĀGAMA사이바가마 : 사이바-아가마Śaiva-Āgamas, 사스트라Sāstras로 알려진 시바의 교리를 밝혀 놓은 경전, 10개의 이론적二論的 논과 각기 다른 종류의 동질성을 가르치는 18개의 논, 64개의 불이론적不二論的인 논이 있다.

SĀKINĪ사키니 : 미세체의 비슈다 챠크라에 주재하는 〈에너지〉.

ŚAKTI샥티 : 근본원리의 역동적인 단면, 모든 창조에 관여하는 힘, 근본의식인 시바의 에너지.

ŚAKTI-CHĀLANĀS샥티-차라나 : 에너지 이동인자.

ŚAKTIPĀT샥티파트 : 군달리니 요가에서 군달리니가 상승하는 길.

SAMĀDHI사마디 : 삼매경, 마음의 동요가 그치는 황홀경, 요가 수행의 마지막 단계로 궁극적인 일체감을 얻게 된다.

SAMĀNA사마나 : 생명의 숨인 프라나 중의 하나, 배꼽 근처에 머무르며 백색 또는 녹색을 띠고 있다고 여겨진다.

SAMHĀRA삼하라 : 태초의 근본으로 우주가 재흡수되거나, 또는 회귀하는 것.

SĀMKHYA-YOGA삼키아-요가 : 초기에 형성된 힌두 철학체계의 하나로 현인 카필라Kapila에 의해 창시되었다. 여기서는 근원이 없이 생겨난 두 개의 궁극적인 실재로 푸루샤Purusha와 프라크리티Prakriti, 남성 원리와 여성 원리를 기본으로 가정한다. 이로부터 형성된 24개의 원리 또는 범주는 두 가지 기본원리의 상호 작용으로 생겨난 변형으로 간주된다. 범주를 이루는 세 가지 특질, 구나Gunas —사트바Sattva(순질)·라자스Rajas(격질)·타마스Tamas(예질) —로 인해 물질세계에서 프라크리티가 현현하게 된다.

SAMSARA삼사라 : 윤회하는 존재로서의 세계.

SAMSKĀRA삼스카라 : 업보적 행위의 결과 또는 각인된 인상.

ŚESHA세샤 : 〈나머지〉 삼계가 생성된 이후로 생겨나서 이러한 이름을 가진 뱀, 이것의 거대한 또아리와 강력한 덮개는 뱀의 힘으로 영원성, 무의식인 깊이를 상징한다.

SEXO-YOGIC ĀSANA : (교합-요가 아사나), 성을 영적인 것으로 승화시키는 의례와 수행법이며 성에너지를 정신적인 차원의 것으로 변형시킨다. 아사나 의례는 감정적인 충동에서 벗어난 것이다. 궁극적인 깨달음에 이르기 위한 군달리니 상승의 매체로서 성에너지를 이용한다는 가능성에 바탕을 두고 있다.

SIDDHĀSANA시다사나 : 〈시다Siddha〉·〈성취〉에서 유래, 가장 중요한 요가수행 좌법의 하나로 왼발 뒤꿈치가 땅에 닿게 수직으로 세우고 앉아 오른발로 왼발 복사뼈를 감싸듯이 한다. 이 아사나는 정신을 깨달음으로 정진하게 한다.

ŚIVA시바 : 힌두교의 신, 비전되는 바로는 시바는 순수의식, 초월적인 신성한 원리라 한다.

SONIC CONSCIOUSNESS : (음의 의식), 태초의 음으로서 나타나는 궁극적인 실재.

SPHOTA스포타 : 영원한 음의 요소, 순수하고 발현되지 않은 우주의 창조 원리.

SRSTI스리스티 : 창조 또는 발현세계가 변해 가는 세 가지 국면 중의 하나. 다른 것은 스티티Sthiti, 진화 또는 유지와 프라라야Pralaya, 해체 또는 다시 생성되기 위해 태초의 상태로 재흡수되는 것을 말한다.

STHŪLA ŚARĪRA스툴라 사리라 : 물질로 이루어진 거대체.

SŪKŚMA숙쉬마 : 숙쉬마 사리라Sūkśma Śarīra, 미세체, 이 안에 각기 다른 정신 센터인 챠크라가 위치해 있다.

SUPREME MAN : (최고의 존재), 우주적 인간 참조.

SUSHUMNĀ스쉼나 : 중앙의 미세 회로로 이를 통해 군달리니가 상승하여 인간의 신체 내로 들어간다.

SŪTRAS수트라 : 고대의 형이상학적이고 철학적인 경전.

SVĀDHISTHĀNA스바디스타나 : 기부 챠크라인 물라다라 다음의 두번째 챠크라. 생식기 근처에 있다.

SVAYAMBHU – LIṄGA스바얌부 – 링가 : 링가Linga 참조.

TANMĀTRAS탄마트라 : 범주, 인식의 제1요소, 감각을 통한 인식의 세부 사항 : 샤브다 Śabda(소리)·스파르사Sparśa(감촉)·루파Rūpa(형태)·라사Raśa(맛)·간다Gandha(냄새).

TANTRA – ĀSANA탄트라 – 아사나 : 교합 요가 아사나(Sexo – Yogic Āsana) 참조.

TANTRA – YOGA – ĀSANA탄트라 – 요가 – 아사나 : 교합 – 요가 아사나 참조.

TANTRIKAS탄트리카 : 탄트라의 수행법을 따르는 사람들.

TATTVAS타트바 : 우주를 이루는 미세 요소와 물질적 요소, 〈객체〉, 우주적 범주.

THIRD EYE : (제3의 눈), 이마의 미간 중앙에 있는 점으로 우주의식이 개방되는 장소다.

UDĀNA우다나 : 생명의 숨인 프라나의 하나로, 인후 근처에 머무르며 옅은 청색으로 생각된다.

UḌḌIYĀNA우디야나 : 〈날기〉, 복부의 근육을 수축시켰다 이완시켰다를 반복하는데, 재빨리 디편에서 저편으로 옮겨가 마치 〈물결〉같이 되는 무드라Mudrā이다.

UDGĪTHA우드기타 : 〈근원의 노래〉.

UNMANĪ운마니 : 나단타Nādānta 참조.

ŪRDHVARETA우르드바레타 : 교합 요가 수행법, 〈레타Reta〉는 수크라Sukra 또는 세멘Semen(정액, 백색)과 라크타Rakta(적색)라는 두 가지 질료라는 의미를 갖고 있다. 이러한 생명에너지의 누출은 반드시 통제되어야 한다. 탄트라 수행법을 통해서 성에너지는 통제되며, 레타Retas를 붙들어 두게 된다. 이러한 기술은 〈우르다 – 레타 Ūrdha – Reta〉·〈상승류〉라고 하며, 레타를 생명에너지로 전환시켜 하나도 남김 없이 상승하도록 한다.

VAJRA바즈라 : 번개, 챠크라의 신들이 쥐고 있으며, 전쟁에서처럼 자아와 감각을 정복하는데 바즈라를 무기로 사용한다.

VAJROLĪ바즈롤리 : 바즈라Vajra에서 유래, 〈번개〉, 중요한 무드라로 신체의 성에너지를 제어·조절한다.

VAIKHARĪ바이카리 : 음의 네번째 단계, 소리로 표현되는 거대한 음 또는 진동, 단어로서 생성된다.

VAM밤 : 스바디스타나 챠크라의 종자 – 만트라.

VĀMĀCHĀRA바마챠라 : M 참조.

VĀMA MĀRGA바마 마르가 : M 참조.

VARA바라 : 은혜를 베푸는 무드라(인계).

VARĀHA바라하 : 멧돼지 형상을 하고 있는 비쉬누, 세번째로 진화된 현현이다.

VARUṆA바루나 : 베다의 신, 대양의 신, 원래는 우주를 유지해 주는 신이었으나, 리타 Rita 우즈의 질서를 주재하는 신이 되었다.

VAYU바유 : 〈공기〉, 베다의 신, 바람의 신.

VEDIC베딕 : 인도−유럽어로 씌어진 성전 베다Vada가 완성된 시기. 《리그 베다 *Ṛg Veda*》는 베다시대의 가장 오래된 문헌으로 B.C.1500년경에 형성되었다.

VIJÑĀNAMAYA비즈나나마야 : 미세신에 있는 지성의 각.

VISHṆU비쉬누 : 힌두 판테온 중의 가장 주요한 신 중의 하나. 《마하바라타 *Mahābhārata*》 대서사시가 형성되던 시기에 최고의 중요성을 가진 신으로 등장하며 힌두교의 삼신 중의 두번째 신으로 보존자로, 창조자로서의 브라흐마Brahmā와 파괴자로서의 시바Śiva와 같이 숭상된다.

VISHṆU KNOT : (비쉬누 속박), 네번째 챠크라 아나하타와 연관된 정신적 한계.

VIŚUDDHA비슈다 : 목구멍 근처의 다섯번째 챠크라.

VOID : (공), 마하빈두Mahābindu 참조.

VYĀPIKĀ비야피카 : 나단타Nādānta 참조.

YAJÑA야즈나 : 희생, 베다시대의 의례체계를 형성하는 주요한 근간 중의 하나로 해탈에 이르는 기본조건.

YAṂ얌 : 아나하타 챠크라의 종자 만트라.

YAMA야마 : 요가 수행의 제1단계로 육체적인 현상을 제한하고 통제한다.

YOGIN : (요가 수행자), 요가 수행자, 여성형은 요기니Yoginī.

YONI요니 : 객관적으로 실재하게 하는 것의 재료 또는 근본 뿌리, 역삼각형으로 상징된다. 여성의 생식기로 우주 신비의 상징.

YONI ĀSANA요니 아사나 : 비밀스런 요가 좌법으로 보통 스승(구루)에게서 배운다.

YONI−MUDRĀ요니−무드라 : 숙달된 수행자가 시다사나Siddhāsana, 성기관과 항문 사이에 있는 요니를 수축시키는 좌법을 취할 때 준비과정으로서 이러한 손 모양을 취한다.

원주목록

1, 36 Blair, *Rhythms of Vision*, pp.8, 148-9.

2 Yogananda, *Autobiography of a Yogi*, p. 279.

3 Edwin Bernbaum, 〈The Way of Symbols〉 in *The Journal of Transpersonal Psychology*, No. 2, 1974, pp. 99-100.

4 Schrader, *Introduction to the Pañcarātra*, p. 119.

5 Khanna, *Yantra*, p. 119.

6, 7, 8 Jung, *Psychological Commentary on Kundalini Yoga*, Lectures One, Two, Three and Four.

9 Chaudhuri, *Being, Evolution and Immortality*, pp. 193-4.

10, 11, 15 See for details: Mookerjee and Khanna, *The Tantric Way*(Ritual), pp. 175, 194.

12 Eliade, *Yoga, Immortality and Freedom*, pp. 270-1.

13 Vivekananda, *Rāja Yoga*, pp. 72-3.

14 Mishra, *Fundamentals of Yoga*, p. 104.

16 See Satyananda, *The Tantra of Kundalini Yoga*.

17, 19 Kenneth Ring, 〈A Transpersonal View of Consciousness〉 in The *Journal of Transpersonal Psychology*, No. 2, 1977, pp. 148-9.

18 Stanislav Grof, 〈LSD and the Cosmic Game〉 in *Journal for the Study of Consciousness*, 1972-3.

20 Gary E. Schwartz, 〈The Current Findings on Physiology and Anxiety, Self-Control, Drug Abuse, and Creativity〉, paper presented at the American Psychological Association Convention, Montreal, August, 1973, p. 5.

21 Muktananda, *The Play of Consciousness*, pp. 90-9.

22 Gopi Krishna, *Kundalini*, pp. 64, 84, 87.

23 Prabhavananda, *The Spiritual Heritage of India*, p. 150.

24 Saradananda, *Srī Ramakrishna, The Great Master*, p. 364, and see also the Ādvaita Ashram's *Life of Ramakrishna*, p. 108.

25 Dhyanyogi, *Light on Meditation*, p. 111.

26 Wilson, The Outsider, p. 268.

27 Kaviraj, *Sādhudarshan-O-Satprasaṅga*, Vol. I(in Bengali).

28 See Bentov, *Stalking the Wild Pendulum*; Bentov in Sannella, *Kundalini—Psychosis or Transcendence*.

29 Ken Wilber, 〈Sepectrum Psychology〉 in *ReVision*, Vol. 2, No. I, 1979, pp. 70-1.

30 Kaviraj, *Aspects of Indian Thought*, p. 234.

31, 32, 33, 37 Sannella, *Kundalini—Psychosis or Transcendence*.

34, 35 Tansley, *Radionics and the Subtle Anatomy of Man*, pp. 28, 23-4.

38 Jung, ibid, p. 18.

군달리니

초판발행 ——— 1995년 4월 20일
2쇄발행 ——— 1998년 5월 20일

지 은 이 ——— 아지트 무케르지
옮 긴 이 ——— 편 집 부
펴 낸 이 ——— 辛 成 大
펴 낸 곳 ——— 東 文 選
편집설계 ——— 韓 仁 淑

제10-84호, 78. 12. 16.등록
[110-300] 서울 종로구 관훈동 74
[전화] 737-2795 [FAX] 723-4518

ISBN 89-8038-392-4 94270

인도의 종교미술, 다시말해 의례미술은 매우 깊은 역사
적인 뿌리를 가지고 있다. 그리고 무엇보다도 그것은 살아
있는 전통이다. 그 밑바닥에는 하나의 통일된 목표가 있다.
그것은 바로 우주와의 일체를 인식하기 위한 조화와 전체
성의 탐색이다.

인도종교미술

아지트 무케르지————著
편집부————————譯

  종교미술이란 영혼의 진정한 모습을 찾으려는, 또 우주와 하나됨을 깨달을
수 있는 상태로 나아가는 수단 또는 길이다. 이러한 깨달음은 자신의 외부에
있는 어떤 것을 추구하는 것과는 다르다. 그것은 오히려 자아의 내부에서 발견
되는 일종의 환영이다. 갖가지 모습을 하고 있는 세계에 숨겨져 있는 통일성은,
모든 생명과 인간의 관계 속에서 명료한 것이든 아니든 상관 없이 발견된다.
숭배의례는 인간의 존재 안에 있는 각각의 원자와, 또 모든 원자들과 접촉하는
통로이다. 그래서 숭배의례를 통해 자아의 완전한 합일이 이루어진다. 의례를
통해 아무리 존재가 미미하고 시덥지 않다든가, 또는 광대하고 이해 불가능한
것이라할지라도 언제나 움직이고 있는 세계, 즉 자가트Jagat에 살고 있는 인간
의 삶에 중요하지 않은 것은 없다는 것을 깨닫게 된다.

  전통적으로 인도의 종교미술은 생명의 원리와 자아가 점차적으로 합일하게
되는 사드하나Sādhanā를 공유하는 한 가지 방법으로 쓰인다. 서양의 종교미술
이 이미 제도적으로 완비된 형태를 묘사하고 있는 반면에, 인도의 종교미술은
매일 접하는 것이지만, 보편적인 것과의 합일 그리고 전체를 관망할 수 있는
의식의 확장을 꾀하고 있다.

  미술품들은 종교적인 또는 의례적인 고유성을 가지고 있다. 신들의 비위를
맞추고 기원하는 의례나 불경스런 힘을 몰아내는, 또는 통과의례 혹은 죽음과
환생의 반복이 종지부를 찍는 의례이든간에 종교의례는 하나의 중심점이 되며
에너지를 집적한다. 주문을 외우는 것에 이어서 의례적인 동작을 취하게 되고,
의례적인 동작을 취한 데서부터 물건과 용구 들이 봉헌물로 쓰여진다. 어떤 동
작의 형태나 제구의 배치 등으로 의례의 미적인 면이 훨씬 돋보이게 된다. 성
스러운 공간에는 사원과 얀트라Yantra가 있어야 한다. 사원과 얀트라는 성스러
운 힘을 나타내는 추상적인 상징, 또는 상像이며 핵심이다.

고대 인도의 性사상과 윤리를 집대성한 세계 최고의 性典.
祕傳 성풍속화와 함께 최초 공개.

카마 수트라

바짜야나……著
鄭泰爀………譯

본서 〈카마 수트라〉는 기원전 6세기경 바라문의 성현, 학자 들이 삼림의 깊은 곳에 은거하여 논술한 경전을 모태로 하여 대략 3세기부터 4세기에 걸쳐서 성립·편찬한 경전이다. 바짜야나는 12명의 학자의 각종 성애학 경전을 수집하고, 그것을 집대성하여 〈카마 수트라〉를 완성하였다.

〈카마〉로 불리는 인간 애욕의 영위는, 고대인도의 지체 높은 사람들이 교양으로 학습해야 할 3가지 지혜 중의 하나이기도 했다. 귀족계급 신사·숙녀 들은 다르마(正法. 戒律), 아루타(利財, 實利), 카마(性愛)의 세 가지를 학습하고 습득하지 않으면 귀족으로서의 자격을 인정받지 못하였다.

그러면 왜 〈카마〉가 학문으로서 필요한가. 말하자면 인간의 性행위는 동물 일반의 성행동과는 엄격히 구별된다. 性愛는 인격적인 투영을 기초로 한 정서적인 본질을 지니고 있다. 단순히 야합적인 조잡함, 정서의 결여, 무기술의 성행위는 동물적인 생식행위이며, 비인격적이고 비인간적인 행위에 불과하다. 가장 인간답고 풍부한 성애는 성적 기교를 충분히 습득하고, 애정어린 눈빛 속에서, 수치심을 숨긴 부드러움 속에서 육체와 육체가 液化하고 서로 융합하는 상호성·상승성이라야 한다.

기교도 애교도 없는 생리적인 정액의 배설은 성쾌락의 낭비적인 행위에 지나지 않는다. 〈카마 수트라〉의 목적은 인간의 가장 인간다운 성애행위의 훈도이다. 그리고 성애를 상호적인 정서가 풍부하고 품위 있는 것으로, 그리고 세련된 기교에 의해 한층 감미로운 애욕을 주고자 하는 성교육·성교양의 증진에 있다.

고대 인도의 바라문 성현, 학자 들은 이미 2천5백 년 전에 性을 해방하고 새로운 성의식·성사상을 만들어냈다. 고대인도의 사회·종교에서 성애는 늘 聖性이며, 그 쾌락은 神들의 사랑으로 찬미되었고 환영받아야 할 행위였다. 성의 환희의 충실감, 그 쾌락의 향수는 사랑하는 사람의 상호 성의식의 소유법, 도덕관, 수치심, 고정관념, 심리상태에 의해 그 수용성은 서로 다르다. 그러나 성의 환희는 상호 깊은 신뢰성, 성의식의 공감성, 애정의 깊이에 의해 향수되고 충실해진다.

본서 〈카마 수트라〉는 이와 같은 성의식과 성애에 관한 의의를 규명, 덧붙여서 성애에 관한 예절의 습득, 그리고 성애술의 기교를 설명한 바라문 철학에 의한 경전이다. 즉 바라문의 성현, 학자 들이 그 예지를 기울여서 만든 인간의 性愛學이다.

인간에게 있어서 성애는 단순히 안다는 것만으로는 이해할 수 없는 심오한 세계이다. 그것은 성애가 단순한 육체만의 피부, 점막의 접촉적인 쾌감만의 것이 아니라 정신적인 자율성을 갖고 전인적인 존재라는 점을 알게 해주는 것이다.

지금 현대적인 우리들이 〈카마 수트라〉를 접했을 때, 어둡지 않은 순수한 쾌감으로서, 육체애로서 사랑하고 더구나 이 성의 환희를 넘어서 정신적인 사랑의 환희를 향수하는 지혜를 배우게 된다. 〈카마 수트라〉는 생애로부터 사랑을 기르는 지식을 부여하는 진정한 사랑의 경전이다.

TANTRA
탄트라

아지트 무케르지·······著
金龜山·······譯

　탄트라는 8세기 이후 인도에서 밀교密敎경전을 지칭하게 되면서부터 일반에게 알려졌는데, 그것은 진리의 천명이나 철학적 교리서敎理書라기보다는 깨달음을 향한 수행방식이고 세계에 대한 일종의 태도이다. 탄트라는 주관과 객체라든가 정신과 육체 혹은 창조주와 피조물 등의 이분법二分法에 기초를 둔 서구적西歐的 사고와는 달리 전체와 부분 또는 물과 물결의 관계처럼 불가분리不可分離의 양면성을 하나의 실상實相으로 통일하여 우주의 본질과 자아가 합일合一되려는 방식이다.

　인도인의 우주관에 의하면, 절대자로서의 브라만은 자체 안에 남성적 요소와 여성적 요소의 양면성을 가지고 끊임없는 변화 속에서 창조와 파괴의 순환을 거듭하는 것으로 이해된다. 실상과 현상 즉 근원적인 진리로서 무시간성의 존재와 현실로서의 변화는 각각 남성적 요소와 여성적 요소로 상징되어 창조와 분열을 반복한다는 것이다. 그러므로 탄트라는 우주의 본질과 합일을 이루어 우주 본래의 지복至福으로 초월하려는 방식이다.

　탄트라에서는 모든 자연적 본능의 충족을 긍정하고 있다. 왜냐하면 고행이나 금욕을 통하여 자연을 억제하거나, 육체를 약화시키고 정신적인 긴장과 갈등을 야기시키는 일은 생명의 건강한 성숙을 방해한다고 생각한다. 그러므로 오히려 자연의 저급한 충동으로부터 고상한 충동으로 향상되도록 수련할 것을 주장한다. 모든 자연의 충동은 본질적으로 동일한 신성神性으로부터 솟아오르는 진화進化의 창조적 에너지라고 파악하기 때문이다.

【주요목차】인도문화의 배경 / 탄트라란 무엇인가 / 세계를 어떻게 보는가 / 신체의 일곱 가지 정신센터 / 섹스와 요가 / 우주의 신비를 벗긴다 / 탄트라의 특질 / 불교탄트라 / 불교만트라 / 얀트라와 만다라 / 탄트라와 섹스 / 시바神 신앙과 샥티 신앙 / 코나라크·카쥬라호의 남녀상 / 우주를 생성시킨 진언〈옴〉/ 인체와 천체와의 관계 / 링가와 요니 / 우주에너지〈군달리니〉/ 하타요가와 섹스 에너지 / 섹스의 충동으로 진리의 문을 열다 / 진동의 리듬 / 분노상에 많은 남녀교합상 / 챠크라의 꽃잎의 의미 /〈아가마〉와 〈니가마〉 / 우주와 인간의 융합으로서의 섹스

曼茶羅의 神들

立川武藏·················著
金龜山·················譯

만다라mandala는 〈聖〉을 본질로 하는 종교적 心像을 圖形化한 것이다. 불교에서는 예배의 대상으로서 서기 1세기 말경에 불상과 보살상 등이 조성되었는데, 이것은 곧 후기에 만다라를 발생시킨 근원이 되었다.

佛像은 처음에는 단순히 大覺을 이룬 불타의 명상하는 모습을 예술적으로 표현한 彫像이었지만 차츰 다양한 양상으로 표현되면서 각각 다른 印相에 의미가 부여되었고, 마침내 密敎의 교리로 발전하였다.

기도를 하기 위한 신성한 장소로서 土壇을 쌓아올리고 호마homa의 作法을 행했던 힌도교의 의식이 불교에 수용되었는데, 만다라는 처음에 이 토단을 지칭한 것이었다. 그것이 후에는 佛, 菩薩 들을 모시는 그림으로 표현되었다. 이들을 대상으로 기도가 행해지면서 차츰 儀軌가 정비되었던 것이다.

만다라는 단순한 敎義學的 圖像이 아니라 非시간적, 非공간적 우주체험의 視覺的 표상이며, 반대로 우주적 체험이 표상화된 만다라의 도상은 종교의례를 통하여 內面化하면서 우주와의 合一에 도달하게 하는 메카니즘이다. 그러므로 만다라는 살아 숨쉬는 진리의 실천적 국면이다.

본서에서 저자는 만다라의 구조와 도상학iconology을 해석하고, 종교체험의 〈聖〉과 〈俗〉의 관계를 해설하므로써 불타나 보살의 변형된 형태에 대한 이해를 돕고 있으며, 힌두교의 신들이 불교에 수용된 역사적 배경과 형식을 자세히 논하고 있다. 특히 전문적 지식을 갖지 않은 사람들이 접근하기 어려운 불보살들의 형태의 변형이며, 불타나 보살 및 諸神들이 소지한 持物이며, 혹은 타고 앉은 乘物의 상징성 등을 도상과 함께 해설해 주고 있다.

생성과 소멸의 영원한 윤회. 관능과 고행. 아름다움과 추함. 삶
과 죽음의 끊임 없는 혼융. 우주적 명상과 해탈. 절대적 세계정
신과의 합일. 힌두의 신화·전설·전통·의례·우상·천지에
널려 있는 사원과 조각들……. 인도문화의 충실한 안내서.

힌두교의 그림언어

인도 神들의 세계와 그들의 상징체계

안넬리제+페터 카일하우어…著

全在星……譯

기념비적인 인도의 웅장한 사원건축 앞에서 우리들은 경이감에 사로잡히거나, 드물지
않게 광기 속으로 빠져든다. 거의 파악할 수 없고, 감히 쳐다볼 수 없을 정도의 수많은
조각군들은 인도의 하늘 끝까지 뻗쳐 있다. 그 수수께끼를 풀고 싶은 생각이 대부분의
사람들에게 가득하지만, 인도를 여행하는 사람들이나 도상학에 관한 책들을 읽는 사람들
은 인도 신들의 형상의 복수성과 명칭의 다양성 때문에 너무 일찍 그것을 포기하게 된다.
　힌두교의 그림언어에 관한 논의도 우선 분명히 깊이 있는 사고의 전환을 요구한다. 우
리가 신뢰하고 익숙했던 것은 완전히 이국적인 것으로 대치되어야 한다. 영원한 생성과
소멸의 윤회, 관능과 고행, 아름다움과 추함, 그리고 삶과 죽음이 끊임 없이 흐르는 상호
혼융 속에서 인간은 우주적인 명상의 잠자리에 들어야 한다. 이 세계는 단계적인 명상의
무대로서, 무소브재의 신성의 형상적 유출이며, 절대적인 세계정신과의 근원적 합일을 향
한 동경과 열정으로 이해되어야 한다. 이 세계는 단지 스쳐 지나가는 환영으로 보아야
한다. 인도인들은 이러한 현세적인 것과 초월적인 것이 뒤얽힌 비젼을 형언할 수 없는
섬세함과 판타지로서 바위에 새겨넣었다. 최상의 예술과 대중적 미는 끊임 없이 모순적
인 전설·신화·전통과 의례 속에서 창조된다.
　그러므로 개거의 예술작품이나 상징물들의 이름만을 열거하거나, 순순히 미학적이고
양식적인 관점어서만 고찰하는 것은 이 책의 목적이 될 수 없다. 신들의 혼돈상을 신학
적 구조 속에서 정리하여, 각각의 구체적인 형상을 유일무이한 최고신의 다양한 화현으
로 파악하는 것이야말로 인도 문화현상의 파악에 있어서 그 실마리를 제공하는 것이다.
우선 심오한 상징언어와 그 속에 숨겨져 있는 전설의 파악을 통해 죽어 있는 자료를 삶
의 한마당으로 이끌어내는 것이 필요하다. 문화그림과 의미그림은 긴박한 상태 속의 역
사적 발전, 문화적 변모, 부계 혹은 모계사회의 사회적 형태, 사회구성체의 모순, 종파 상
호간의 갈등을 반영하는 것으로 눈앞에 전개되어야 한다. 우상·상징물·신화, 그리고 전
설은 인도인의 종교와 사회제도 및 삶이라는 힌두교의 전체상 속에 모자이크처럼 첨가
되어 있는 것이다.
　인도인에게 둔화그림들은 해탈과 초월적 힘으로의 욕구를 향한 하나의 요청이다. 우리
에게 그것들은 수천 년의 삶의 흐름에서 종교가 그 기둥이 되는 다민족국가의 필수불가
결한 문화유산으로 반영될 것이다.